つたえるエッセイ

心にとどく文章の書き方

重里徹也
助川幸逸郎

新泉社

「他人に伝えること」は自分自身の発見だ

重里徹也

人は何のために文章を書くのでしょうか。文章作成術について書きはじめるにあたって、柄《がら》にもなく、そんな根本的な自問をしてみました。

おそらくは表現したい思想や感情（考えていることや感じていること）があって、言葉を連ねるのでしょう。思想というと大げさですが、「自分はこんな変なことを考えたのだけれど、やっぱり変かな」とか、「このことについては、こんな視点もあると思うのだけれど、気にしないでいいのかな」とか、そんな場合がけっこう多いのではないかと思うのです。

感情についても同様に難しく考える必要はありません。「夕方、駅のプラットホームから富士山が見えて、めちゃくちゃにきれいだった」とか、「結局、おれのやることなんて、何一つとしてうまくいかないんだ」とか、「三年前に福岡で食べたポテトサラダがいやにおいしかった」とか、たとえば、そんなことです。

それで、何のために書くか。

すぐに思い浮かぶ答えは二つあります。一つは他人に伝えるため。もう一つは自分自身で自分の思想や感情を知るため。おもしろいことに（私はおもしろいことだと思うのですが）、この二つのことが同時にできるのが、文章を書くことの醍醐味《だいごみ》です。

多くの場合、私たちは胸にモヤモヤしたものを抱えています。さまざまなことです。たとえば、雨が好き、ということでも構いません。雨が好きだなんて、ちょっと変ですよね。でも、好きだから仕方がありません。何とかこのことを人に伝えたい。モヤモヤしています。ちょっと変な自分を伝えたい。

ここで横道にそれます。この本では、よく横道にそれることにします。私が敬愛するドストエフスキー（ロシアの作家。一八二一〜一八八一）の小説の登場人物は確か、「人生の真実は表通りにはない。路地裏にある」といったようなことを話していました。それにならえば、横道にそれるからこそ、伝えられることもあると思うのです。

何かを好きになるというのは、素晴らしいことです。それが、ゴキブリであろうが、ヘチマの鉄板焼であろうが、あまり人気のないアイドル歌手であろうが、構いません。「好き」であることが尊いのです。何かを好きになることほど、この世で素晴らしいことはないかもしれません。「好き」はあなたの生を意味づけることだってしてします。

横道から元に戻ります。それで、それを人に伝えたい。どうして自分はそんなものが好きなのか、考えたい。そのために、どんな方法があるでしょうか。文章を書くのがもっとも有効で実りの多い行為の一つでしょう。

ちょっと書いてみましょう。大した文章じゃあないですよ。頭の悪い文章です。実は私は頭の悪さを売り物にして、文筆に励んでいる人間です。ここでもう一度、横道にそれます。

頭の良さなんて、文章を書くという場所では、全然、たいしたことではありません。そんなものは、一つも怖くありません。陳腐なたとえを許していただけるのなら、頭の良さは、よく切れるカミソリのようなものです。鋭いけれど、ちょっと硬いものにぶつかると、すぐに刃が欠ける。使い物にならなくなる。逆に自分の手を傷つけたりもします。よくいるじゃないですか。持っているカミソリで自分の手を血だらけにしている人。

私はそんな文章をめざす気持ちは毛頭ありません。めざすのは、鈍《にぶ》くて重いナタのような文章です。頭のいい人、趣味のいい人、器用な人から、ちょっとバカにされるような、不器用で鈍い文章です。オレがアホなんはようようわかってる、それで何が悪いねん、と絶えずやけっぱちの開き直りを心に忍ばせている文章です。

へたでもいい。心に刺さる文章です。不器用なのは全然、構わない。読んでいる人の頭や胸ではなくて、腹に響く文章です。

横道にそれすぎました。元に戻って、自分は雨が好きということを短い文章に書いてみましょう。


私は雨が好きだ。どうしてなんだろう。友人からは、変なヤツだと思われている。でも、好きなのだから仕方ない。私はそんなヤツなのだ。しかし一方では、何とか、雨の素晴らしさを多くの人にわかってもらいたいという思いもある。

雨が降ると視界が悪くなる。ちょっと意外に聞こえるかもしれないけれど、それがいい。なんていうか、水のフィルターがかかって、風景がやわらかくなるのだ。角張ったビルの輪郭が溶け出して、街全体が優しくなる。こちらまで緊張が溶けて、ほのぼのとした気持ちになることさえあるのだ。

水が街を浄化する感じもいい。汚れや手垢《てあか》やさまざまなにおいを洗い流していく。砂ぼこりでいっぱいだった道路もツルツルとしてくる。街が脱皮して新鮮になる感じといえばいい過ぎだろうか。

雨に降られると、やわらかくて清められた街に優しく包まれる感じがする。雨にはそんなことを実現する力が潜んでいる。

私はなぜ、雨が好きなのか、うまく整理できないままにこの文章を書きはじめました。ただ、余計なものを洗い流す感じや、風景がやわらかくなる実感は確かにあったのです。文章を書き出すと、だんだんとイメージが絞れてきます。それで少しずつ、自分が感じたり考えたりしたことがまとまりはじめます。雨は汚れた俗界を浄化する聖なるもののイメージさえ帯びてくるのです。私は俗物を自認していますが、意外にも聖なるもの（単なる雨ですが）にひかれる自分の性向にも気づくことになりました。

また、自分が人との付き合いや日々の生活に少し疲れているのもわかりました。ギスギスした関係を離れて、きっと放浪の旅にでも出たいと感じ続けているのではないか、と気づいたのです。


私は文章を書くときに、いくつか心がけていることがあります。その筆頭は「伝えること」です。もっとも恥じるべきは、ひとりよがりの文章です。

「好き」ということをエッセイに書くときには、ひとりよがりになりやすいです。「好き」は個人に発するものです。そして、「好き」はなかなか理屈では説明できません。自分の心が勝手に好きになって、止められないのです。事故に遭ったようにひかれることもあれば、生まれる前からの宿命のように好きなこともあるでしょう。それを何とか、説得力のある形で言葉にしないといけません。それで、伝わるようにとひたすらに言葉を尽くします。そこであらわになるのが、自分の本当の感情であり、思想の断片のようなものではないでしょうか。

人に一生懸命に伝えようとすると、自分自身も発見できる。自分の本来の思いや考えを回復することができる。文章を書くことには、そんなダイナミズムが確かにあるように思うのです。

この本を書くにあたって、このダイナミズムを大切にしたいと思います。決して、ひとりよがりにはならない。だからこそ、自分自身を発見できるような文章。そんな文章を書くにはどうすればいいか、一緒に考えていこうではありませんか。

もくじ

デザイン　三木俊一（文京図案室）

第一部

文章を書く前の準備

——助川幸逸郎

タイトルのつけ方で文章は決まる

タイトルを本気でつけるのが、「レポート改善」の特効薬

私が大学生だったころ、ある先生がこんなことをいっていました。

「学生が書いたレポートは、タイトルを見るだけで出来映えの予測がつく。だから、よほど注意してレポートの題名はつけなくてはならない」

学生のレポートを採点する立場になって、この言葉の意味が身にしみてわかりました。

村上春樹の『ノルウェイの森』の原作と映画版の比較をテーマにレポートを出してもらうことにしたとします。何もアドバイスしないままだと、あつまってくるのはこんな内容のものばかりです。

私は、小説版もあまり好きではないが、それでも映画版よりはいいと思う。

映画版では、そもそも直子をやっている菊池凛子が高校生から二十歳には見えず、どこから見てもおばさんだ。

水原希子の緑は、全体的に不自然だが、わざとやっているのか、演技力が足りないのか、疑問に感じた。原作の緑も、言動がわざとらしくて好きになれないが、水原希子は台詞棒読みなのでわざとらしいわけでもない。

あと、マツケンをぜんぜん好みじゃない私にとって、どうしてマツケンがあんなにモテるのか謎すぎる。

原作は、主人公が人でなしという感じで、彼女にする気もないのに女の子に次々声をかけるところがむかつくが、映画はそこまで酷くはなかった気がする。

今回、このレポートの課題を出されて、はじめて村上春樹の作品を読んだ。わりとすらすら読めたが、ノーベル賞候補になるほどの作家が書いたものとは思えなかった。

機会があったら、他の村上春樹作品や、村上春樹原作の映画も見てみたい。

原作と映画版それぞれの断片的印象を、頭にうかぶままならべたにすぎません。「比較研究」とはとうてい呼べないシロモノです。

こういうレポートを出させないために、いろいろ工夫をしてみました。制限字数を多くする。参考文献を何冊かあげさせる――それでも、「断片的印象を脈絡なくならべたレポート」はなかなか減りません。

結局、いちばん効果があったのは「レポートにきちんとした題名をつけさせること」でした。

たとえば、夏目漱石の『こころ』についてレポートを書くとします。このとき、「先生はなぜKをじぶんの下宿に引き入れたか」という題目を掲げたとすると、『なぜ』に対する答えを書く」という「縛り」が発生します。「答え」の根拠をあげることも必要になってくる。結果として、「何をどう書くか」について、ピントが自然に絞れてくるわけです。こうなると、「無秩序に印象をならべた文章」ができあがることはありえません。

対象のどの部分に光を当て、いかなる角度からそこにアプローチするか――その点を、書き手当人と読者の双方に対し明確にする。適切なタイトルをあたえることの最大の効用はそこにあります。

どうして映画版『ノルウェイの森』の直子は菊地凛子だったのか

さきほど引用したレポートを、私は書きなおしをしてもらうことにしました（私の授業では、期末レポートは下書きをいったん提出させ、問題があるものは修正してもらうことにしています）。次の授業で、私は「著者」の学生にたずねました。

「あなたはいろんなことに触れてるけれど、いちばん心にのこってるのはどの点だろう？」

「それは、菊池凛子が直子を演《や》るハンパない違和感です」

「でも、菊池凛子が高校生に見えないのは、監督もプロデューサーもわかってたんじゃないの？」

「たぶん」

「なのに、どうして菊池凛子に直子を振ったんだろう？　そこがむしろ不思議じゃない？」

学生は首をかたむけて考えこんでいます。

「その謎を解くのが、〈大学生のレポート〉じゃないかな。いまのままでは、〈中学生がいやいや書いた作文〉という感じ」

学生は不満そうな顔をしています。

「それは書きなおせるものなら書きなおしたいですが——違和感ありまくりの菊池凛子をなんで監督がつかったかなんて、想像もつきません」

ここで書きなおしをあきらめられては、こちらとしても下書きを読む手間をかけた甲斐《かい》がなくなります。私は必死で言葉を継ぎました。

「原作の直子って、メンタル病んでるキャラなんだけど、リアルな病人って感じ、した?」

「あんまりしなかった気がします。なんだかアンドロイドか、地上に墜《お》ちてきた天使みたいでした」

「じゃあ、菊池凛子の映画版は?」

「めっちゃほんとの病人っぽかったです。リアルすぎてこわかった」

「菊池凛子って、もともとモデルだったんだよね。それが、『オープニング・ナイト』っていう映画を観たのがきっかけで、女優をやりたくなったらしいの。で、その『オープニング・ナイト』は、メンタル病んでる女優の話。それで、その役を演ったジーナ・ローランズの演技がリアルで、映画好きのあいだでレジェンドになってんだよね」

「菊池凛子は、〈私の『オープニング・ナイト』〉だとおもって、『ノルウェイの森』に出たってことですか」

「その可能性はあるよね。ともかく菊池凛子ははりきって、《リアルな病人》を演じた。そして監督もそれをみとめた」

学生はまた首をかたむけて、手にしたボールペンのノック棒を押して、ペン先を出したり引っこめたりしています。

「監督は映画の直子を、実際にいそうな人物として撮りたかったってことですか?」

「私はそう思ってる」

「そしてそこが、直子に菊池凛子をキャスティングした理由のカギなんですね?」

学生は目線を、ペン先から私の顔に移しました。

「いま話したことをまとめて、結論をじぶんでつけたせば、書きなおしレポートになりますか?」

「じゅうぶんなるよ。ただし忘れずに、〈映画版『ノルウェイの森』の直子はなぜ菊地凛子だったのか〉というタイトルを表紙に明記してください。この題目から内容がそれないように、くれぐれも気をつけて」

後日、以下のようなレポートが再提出されました。

「映画版『ノルウェイの森』の直子は
なぜ菊地凛子だったのか」

助川先生から聞いた話によると、菊地凛子は、『オープニング・ナイト』という映画を観てモデルから女優に転身することを決意したという。

『オープニング・ナイト』は、精神を病んでいる女性が主役で、主演女優の演技は無茶苦茶リアルなので有名らしい（ごめんなさい、地元のビデオ屋では『オープニング・ナイト』を借りられなかったので、観ないでレポート書いています）。

菊地凛子はそれに憧れたせいか、『ノルウェイの森』で精神を病んだ直子を演じるにあたり、リアルな「病人」になりきっている。

原作の直子は、半分この世の人でなくなっているような、現実離れした存在として描かれているように感じる。精神を病んでいるという設定も、そういう「現実世界に生きていない感じ」を増幅させていた。

菊池凛子の直子は、原作の直子とまったく印象が違う。そもそも、この映画に出たときの菊地凛子はすでに二十九歳で、高校生から大学生にかけての直子を演じるには少し無理があった。

それでも監督が、菊地凛子に直子を演じさせたのは、外見の「らしさ」よりも、病んでいる直子をリアルに表現できる演技力を求めたのだろう。映画版の監督にとって直子は、空に帰れなくなった天使のようなキャラクターではなく、身のまわりにいてもおかしくない本物の病人だったのだ。

授業中に助川先生は、原作の直子は、思春期の若者が頭に思い描く「理想の恋人」なのだと言っていた。小説では、文で書いた人物を読者の頭の中にイメージさせる。映画では、その人物を演じる俳優の顔が実際に映る。このキャラは理想の恋人なのだと受け手に納得してもらおうとした場合、読者がそれぞれの理想をイメージできる小説に、映画は勝てない。

そのことを監督はわかっていて、「直子のような人物が、実際にいたらどうなるか」を描くことに徹したのではないか。原作の直子は夢のように美しく、映画版の直子は「こんな人が近くにいたら大変」という存在だ。しかし監督は、「美しい病人は、イメージの中にしか存在しない」とあえて言いたかったのではないだろうか。

菊池凛子が直子にキャスティングされた理由に焦点をあわせたことで、議論に一貫性が生まれています。小説と映画の「メディアとしてのちがい」にも触れていて、「比較研究」というにふさわしいレポートができあがりました。

魅力的なタイトルをつけなおしたらベストセラーに

きちんとタイトルを設定することは、文章の方向性をさだめるのに役だつだけではありません。

この本の原稿を書きながら、私は何度も、小見出しや章の題目をあらためています。書くまえに想定していた「話題のツボ」がずれていることに筆をすすめながら気づく。そうした経験は、「書く実践」をいくらかさねてもなくなりません（私に学習能力がたりないだけかもしれませんが）。

いったん設定したタイトルが中身にマッチしていないと感じた。この場合、文章の内容にふさわしい題をかならずつけなおすべきです。

「ここで言おうとしていることのキモはどこにあるのか」

タイトルによってそのことを読み手に伝えられるかどうかで、文章の魅力は大きくちがってきます。

しばらくまえに、あるベストセラー本の編集者と会う機会がありました。そのとき聞いた話では、この編集者が手がけた大ヒット作は、最初はべつの題名で刊行されていた。この「もともとバージョン」は、数千部しか売れなかったそうです。ところが中身を変えずに、題名だけつけなおして再出版したら、五十万人を超える読者を得ることになった。

タイトルの力を思いしらされる一例です。

何にちなんでタイトルをつけるか

こんなことを記すと、

「文章を書くとき、題目が大事なのは私にもわかる。問題は、具体的にどうすればよいネーミングをできるかだ。そこがじぶんにはまったく見当がつかない」

お読みいただいている方から、そういうお叱りの声が聞こえてきそうです。

私は、エッセイや小説のタイトルのつけ方を、四通りのパターンに分けて考えています。この分類は、あくまで「とりあえずのもの」。他の分け方もあることを否定するつもりはありません。ただ、「仮のパターン分け」であっても、それを頭に入れておくと、じぶんの文章に名前をあたえる作業が格段に容易になる。どこから手をつけていいかわからなかった「ネーミングという営み」に、具体的な「とっかかり」ができるからです。

以下に、私の考える「タイトルのつけ方の四つのパターン」をあげてみます。

①主要人物の名称にちなむ

（著名作品の例）トルストイ『アンナ・カレーニナ』・川端康成『伊豆の踊子』

②「叙述の対象となる出来事」の舞台を使用

（著名作品の例）志賀直哉『城の崎にて』・三島由紀夫『金閣寺』

③キーワードやキーアイテムをかかげる

（著名作品の例）芥川龍之介『鼻』・村上春樹『ノルウェイの森』

④「叙述の対象となる出来事」や「主題」を象徴的にあらわすフレーズをもちいる

（著名作品の例）島崎藤村『破戒』・太宰治『人間失格』

これらのパターンに、すんなり収まらない作品も少なくありません。そういう「例外」も、ていねいに見ていけば、たいていは右の四つのパターンのどれかをひねったものとわかります。

『吾輩は猫である』というタイトルは、語り手が猫であるという宣言です。これは、①の変形版と見てさしつかえないでしょう。

谷崎潤一郎の『細雪』は、蒔岡《まきおか》家の四姉妹の生活を描いた長編。谷崎は『四姉妹』という題名も考えていたようです（英訳版のタイトルは、The Makioka Sisters になっています）。

『細雪』の「雪」は、四姉妹の三番目にあたる「雪子」からとったと、谷崎みずからが書いています。さらに、日本の古典の世界では、「雪」は「散る桜」にしばしば見立てられ、「はかなさ」や「無常」を象徴します。

『細雪』というタイトルは、一見しただけでは意味がわかりません。そこにはしかし、「姉妹のなかでもとくに雪子が重要人物であること」が暗示されている。同時に、「関西上流家庭の、戦争で失われた優雅な暮らしを描く」という「主題」も託されています。実は、①と④を兼ねた、たいへん高度なネーミングというわけです。

とりあえず「四つのパターン」でタイトルをつけてみる

それでは、「四つのパターン」それぞれにしたがってエッセイに題名をつけるとしたらどうなるか。今度は実際にそれをやってみたいと思います。

私は先日、イェルク・デームスというピアニストの公演に行ってきました。デームスは、世界的に知られた名匠で今年九十歳。これほどの「大物」は、ふつうなら大都市のまん中でコンサートを開きます。

ところが、私がデームスを聴いたのは、郊外の住宅街にある中古ピアノ店でした。店内のピアノを搬出し、折りたたみ式の椅子を並べる。そうやってつくられた「臨時会場」で、わずか九十名ほどの聴衆を前に、デームスは自作とショパンを弾きました。

中古ピアノ店の主《あるじ》は、調律師でもある横山彼得《ペテロ》という方。横山氏は、欧州での経験も豊富で、デームスのピアノの調律をずっと手がけています。その縁でこんな「ありえない場所」にまで、デームスはピアノを弾きに来た。

横山氏の調律理論は独特です。現代では、音程を正確にあわせ、よけいな音が混じらない調律が好まれる。横山氏がチューニングしたピアノからは反対に、「人間の声」や「風の揺らぎ」を思わせる、多彩な音が聞こえてくる。

「私の調律こそ、ヨーロッパの伝統的なやり方です」

横山氏はつねづねそういっています。横山氏の「昔ながらの調律技術」は、現代ピアノにも増して、アンティークピアノの本領を引き出すのに効果的です。私が聴いた夜、デームスが弾いていたのも、一九〇五年製の「ヴィンテージ」でした。

横山氏の中古ピアノ店で開かれた、デームスのコンサート。これを聴いた体験をエッセイにするとして、「四つのパターン」それぞれにのっとったタイトルを考えてみます。

主要人物の名称にちなむ

いちばん単純なのは『イェルク・デームス』。これだと漠然としすぎなので、『イェルク・デームスと横山彼得』にします。

「叙述の対象となる出来事」の舞台を使用

『住宅街のピアノ屋で世界の巨匠を聴いた！』

キーワードやキーアイテムをかかげる

『巨匠が弾いたヴィンテージピアノ』か『「本物の調律」で奏でられたショパン』

「叙述の対象となる出来事」や「主題」を象徴的にあらわすフレーズをもちいる

『デームスが五分で描いたハルキの四十年』（デームスはその夜、ショパンの『雨だれ』のプレリュードを弾きました。「失われてもどらないものへの哀惜」——村上春樹の文業の根源的主題でもある——を凝縮させた、すさまじい演奏でした）

「四つのパターン」のどれがいちばん「いいたいこと」を書きやすいか

つぎに、こうして考案したタイトルによって、エッセイの中身がどうちがってくるかを見ていきます。

タイトルが『イエルク・デームスと横山彼得』だと、二人の関係についてのべることが「縛り」になります。「デームスと横山氏はどのようにして知りあったか」や「デームスは横山氏の調律のどの点を評価しているか」。そのあたりが「外せないトピック」といえます。

『住宅街のピアノ屋で世界の巨匠を聴いた！』を看板にかかげた場合はどうなるか。デームスが、ふつうなら考えられない会場でコンサートを催したのは、横山氏と特別なつながりがあったからです。このケースでも、二人の交流に触れることは欠かせません。

ただし、『イエルク・デームスと横山彼得』は、「両者のかかわりこそメインテーマ」という印象を醸成する。『住宅街のピアノ屋で〜』というタイトルにすると、「「交友史」の部分は、ざっくり語るだけでも大丈夫」という感じがしてきます。そのかわり、ピアノ店という特殊空間で巨匠ピアニストを聴く意義を、『住宅街のピアノ屋で〜』は記すことを課せられる。

ショパンは、狭いサロンでは完璧な演奏をするいっぽう、大会場でのコンサートを苦手としていました。

「この種の〝こぢんまりとした会場〟で聴くことで、はじめてショパンの真髄はわかるのではないか」

そういう観点からの感想が、できれば欲しいところです。

『巨匠が弾いたヴィンテージピアノ』や『「本物の調律」で奏でられたショパン』が題目ならばどうでしょう。このケースでは、横山氏の調律について詳述することが「マスト」になります。

そして、『デームスが五分で描いたハルキの四十年』。これをタイトルにしたら、「メインディッシュ」は必然的に「デームスが弾いた『雨だれ』の印象記」です。「デームスと横山氏の交流」や「横山氏の調律」に、「添えもの」の範囲を超えて触れると違和感が生まれるはず。

このように、「四つのパターンのどれを選ぶか」で、「書きうること」や「書くべきこと」がちがってきます。

「どのタイトルにすれば、『いいたいこと』をいちばん書きやすいか」

四つのパターンにそくして何とおりか題目を考えたのち、そこのところを吟味する。このやり方を採るならば、「適切なネーミング」をすることがいっきに簡単になるはずです。

「住宅街のピアノ屋で世界の巨匠を聴いた！」を書いてみる

デームスのコンサートに行って、私がいちばん考えたのは、「小さな会場でショパンを聴く意味」でした。そこで、「住宅街のピアノ屋で世界の巨匠を聴いた！」を題目として、エッセイを書いてみることにします。

住宅街のピアノ屋で世界の巨匠を聴いた！

イェルク・デームスというピアニストがいる。ウィーンに学んで、若年よりその才能を謳われた。ソロ活動のほか、指揮者のカラヤン、小沢、歌手のシュヴァルツコップ、フィッシャー＝ディスカウといった顔ぶれと協演。輝かしいキャリアをかさねて、今年九十歳を迎える。

そのデームスの生演奏を聴く機会を得た。会場は、ふつうのコンサートホールではない。南万騎が原《みなみまきはら》という、横浜郊外の小駅を最寄りとする中古ピアノ店。そこに折りたたみ式椅子を並べた「にわかサロン」で、デームスは自作とショパンを弾いた。

このピアノ店を経営する横山彼得《ペテロ》は、ヨーロッパで研鑽《けんさん》をつんだ調律師でもある。デームスのピアノの整備を長年手がけ、その縁で老匠は南万騎が原にやってきた。

「グランドピアノを一台搬出すると、片道だけで約六万円かかります。ふだんは六台、この店にそれが置いてある。今日はコンサートをやるために、デームスさんの弾く一台をのぞいて倉庫に送りました。正直、よそのホールを借りたほうが安あがりなんです。でも、デームスさんを近くで聴くよろこびを共有してもらいたくて、こういうかたちでコンサートを開きました」

開演に先立ち、横山は聴衆にそう語りかけた。

デームスのピアノは、絶品だった。とくにショパンの前奏曲集がすさまじかった。

『雨だれ』のプレリュードを、デームスは「湿ったあたたかい音」で弾きはじめる。「前世の恋人」に再会したような懐かしさ。中間部では転調がくり返され、不穏な空気が立ちこめる。そのあと静寂が訪れて、冒頭のフレーズがもう一度奏される。今度の音は、凜としてつめたい。ああ、「あのひと」はもう、この世にいないのだ——。

ショパンは、こぢんまりとしたサロンでは名演を聴かせる反面、大会場でのコンサートは苦手だったという。

『雨だれ』でデームスが駆使したような音色の微妙な使いわけは、広いホールでは有効にはたらかない。座席によって聞こえる音のちがいが大きく、会場全体に「演奏者の想定した効果」を伝えられないからだ。

ピアニストが意図するニュアンスが手にとるようにわかる——こういう小会場で聴いてこそ、ショパンのピアニズムは真価を発揮するのかもしれない。そんなことを、デームスを聴きながらあらためて思った。

ただし一つ、この会場には大きな欠陥がある。演奏中ずっと、店全体の蛍光灯がつけっぱなしになっていた。「ピアノのまわりだけ明るくする設備」が、ここにないのは仕方ない。が、『雨だれ』を聴きながら、思わず私は泣いてしまった。そして、ピアノの近くに座っていたせいで、まだ涙がおさまらぬうちにデームスと目があってしまった。

「泣かせた張本人」に「泣いているところ」を露わに見られる。その恥ずかしさは筆舌に尽くしがたい。ふつうのコンサートホールなら、こんな思いはしなくてすんだはずである。

「いちばん書きたい話題」は はじめに決めておこう

書き出しで文章の良し悪しは決まる?

文章の「書き出し」は、私にとっても「永遠の悩みのタネ」です。「何を書くか」はだいたい決まっている。「書く順番」もほぼ見えている。それなのに、「どこから書くべきか」がわからない——そんな状態で頭をかかえることをくり返しています。

「最初の一行で読者をつかまないと、先を読んでもらえなくなる」

この種のフレーズは、「文章の書き方」を説く際の「常套句《じょうとうく》」です。しかし、毎度冒頭でガツンと一発お見舞いするには、「熟練のプロ作家」の技量が要る。それだけの筆力が私にはありませんから、「華麗な幕開き」などもともと「狙いの外」です。

では、何を気に病んで私は筆を始動させられないのか。

「はじめに下手なことを書くと、あとになって身動きがとれなくなる」

これを恐れて、私は文章をなかなか書きはじめられないのです。

実例をあげましょう。

先日、「グローバリゼーションが文化におよぼす影響」について、各自の思うところを学生に書いてもらいました。大学一年生がおもに受講している授業でのことです。

「大相撲の横綱が全員、モンゴル人だとか、オリンピックのフィギュアスケートの金メダルを、日本人と韓国人で争うとか。そういう現象についてどう感じているのかを書いてくれればいい」

私はそう説明しました。

あと十五分ほどで授業も終わろうかというころ、一人の男子学生が、泣きそうな顔で私のほうに近づいてきます。

「先生、途中から一行もすすまなくなってしまいました……」

私は書きかけの文章を見せるように言いました。学生は、たずさえていた原稿用紙を「おそるおそる」という感じで差し出します。そこにはこう記されていました。

文化のグローバル化は素晴らしいことだと、つねづね僕は思っている。僕は子どものころから相撲ファンで、ずっと大相撲中継を楽しみに見ているが、記憶に残っている最初の横綱は朝青龍だ。体はあまり大きくないのに、いつも優勝を争っていて、「この強い人はモンゴルから来た」と親に教えられ、相撲の国際化がいかに進んでいるかを感じた。そのあとに有名になったのは白鵬だったが、彼もモンゴルの出身だと親から聞いた。

外国人が力士になるために海外からどんどんやって来て、その中から強豪力士が育つ。それも朝青龍、白鵬と、二人続けて大横綱が出た。その後、日馬富士や鶴竜も横綱に昇進したが、彼らもモンゴルの出身者である。琴欧洲のような、モンゴル以外から来て、人気者になった力士もいる。

日本の国技である相撲が、海外の人からも「やってみたい」と思われているのでこういう風になるのだと思うと、僕は誇らしい気持ちがする。

相撲がもっと発展していくには、日本人の力士がさらに強くなる必要があると感じる。この前ようやく、十九年ぶりに稀勢の里が日本人横綱になった。この調子では、相撲はモンゴルのスポーツのようになってしまい、「日本の競技が外国人を引きつけている」と、日本人が誇れる感じではなくなるかもしれない。それを防ぐために必要なのは

学生の文章は、ここで途切れていました。

いちばん書きたかったことは何か

私は訊ねます。

「きみがいちばん書きたかったことは、何?」

「日本人の横綱がいないと、相撲が日本の国技とはいえなくなるということです」

「じゃあ、相撲のグローバル化には反対なの?」

「日本人の横綱や大関のいるなかに、外国人の横綱もいるというのが理想だと思います。まったく国際化しないというのでは、時代に取りのこされて危険な気がしますから」

彼はおそらく、じぶんの主張が「国際化絶対反対」と受けとられるのを恐れたのでしょう。それを避けるために、「外国人横綱がいる状況」を全面的に肯定するかたちで話をはじめた。結果、「外国人ばかりが横綱であることから生まれる問題点」を詳細に書くと、ツジツマがあわない流れになった。それで、「グローバル化の弊害に対する解決策」をしめそうとしたところで、暗礁に乗りあげてしまったというわけです。

「最初の文のアタマに『たしかに』を入れたら？　そうすると、あとで『グローバリゼーションのマイナス面』も書くって予告したことになるよ。そのほうが『肝心なこと』を書きやすくない？」

「そうかもしれません」

「あと、『相撲のグローバル化』のよい部分について書いているところは、『肝心なこと』をいうための前置きだよね。『外国人が横綱になることを、全面的に否定しているわけではない』っていう『言いわけ』でしょ？　だったらそこはみじかめにして、はやく本題に入るほうがいい」

残り十分ほどの授業時間と、それにつづく「十五分休憩」を使って、彼は「改訂版」を完成させました。

たしかに、文化のグローバル化には素晴らしい点がある。

僕は大相撲が好きで子どものころから見ているが、最初に記憶に残っている横綱は朝青龍だ。そして彼もふくめ、僕が現役時代を知っている横綱は、全員出身がモンゴルである。外国人の横綱がいるのは、「日本の国技」をやってみたいと望む人が、海外にもたくさんいる証拠だ。このことを日本人は誇っていい。

しかし、力士のなかの外国人比率がさらに高まり、幕内力士に日本人が一人もいなくなったらどうだろうか？　その場合、相撲を「自分たちのもの」と日本人は思えなくなるだろう。具体的な「競技のあり方」も、伝統的な相撲とは別物になるはずだ。

稀勢の里の昇進によって最近ようやく解消されたとはいえ、日本人横綱は十九年ものあいだ不在であった。力士の大型化の影響もあり、「かつてあたりまえだった決まり手」のなかには、現在ほとんど見かけなくなったものがあると聞く（「つり出し」や「うっちゃり」など）。「国技」としての相撲は、すでに損なわれかけている。

「強い日本人力士」が増えて、グローバル化の「行きすぎ」が正されることを僕は望む。それを実現するために、日本国籍の力士の待遇を改善するのも一案だと思う。

モンゴルは物価が安いので、横綱として現役時代に稼いだ金だけで、生涯、上流の暮らしができるらしい。横綱の年収は五千万円程度。これを四、五年やっただけでは、「死ぬまで日本でぜいたくに暮らせる資金」は貯まらない。

たとえば日本人の横綱には、特別手当を払ってもいいのではないか。プロ野球の一流は三億円ぐらい貰っている。それにくらべると、横綱の報酬は安すぎる。「横綱になれば、他の分野のトップと並ぶ待遇を得られる」ということであれば、日本人力士もさらに努力するだろう。日本人の力士志望者そのものが増えることも期待できる。

ことは、大相撲だけに限らない。ある文化がグローバル化することと自体は、その文化の魅力の証明でもあり、歓迎されるべきだ。だが、一定の限度を超えてそれが進むと、その文化は別の何かに変わってしまう。このとき、土着的・伝統的要素を振興する策を施せば、「もともとの形」を壊さずにグローバル化していけるのではないか。

最初に「じぶんが何を書きたいか」をはっきりさせる――その点を意識したおかげで学生は、滞りなく作文を仕あげることができました。

この学生を「指導」して以来、私自身、文章を書きはじめるのが前よりらくになったのを感じています。「ぜったいに触れたい話題」をあらかじめ意識するようにしたせいです。「はじめの一歩」をどうするか。この点をあまり厳密に考えると、「書き出すまでのハードル」が高くなりすぎます。かといって、何の見とおしもなしに走り出すと、途中で行き場をなくすおそれがある。

「どうしても言いたいこと」を、おおよそ見きわめておく。筆を執るまえに、そこだけ気をつけるようにすれば、書いている途中で「迷子」になる心配は減ります。この程度の「心がまえ」なら、たいした負荷にはならないはずです。

第二部

知っていると差がつく文章表現

――重里徹也

何とか書きはじめるための二つの方法

第一部で助川さんが書いていましたが、私にとっても、エッセイを書くうえでもっともつらいのは、書きはじめるときです。自分の頭や心にはモヤモヤとしたものがある。それに何とか、言葉という形を与えたい。でも、なかなかうまくいかない。どうすればいいか悩んでしまいます。これを「白紙の恐怖」と呼ぶ人もいます。

そんなときに有効なのは、自分の手持ちのカードを切って、書きはじめることです。自分に身近で、そのことなら、ある程度、わかっているよということを冒頭に持ってきて、文章を始動させるのです。

私がすぐに思いつくカードは、二つあります。これで何とかなることが多いのです。

日頃考えていることや得意なことから書きはじめる

一つは自分が日頃、考えていること、こういうことはあまり、いわれることがないけれど、けっこうおもしろいかもしれないということを披露するのです。それは、長年、思ってきたことの場合もあるし、あるいは、最近のニュースに接して、思いついたこともあります。随分と前に人から聴いて温めてきた言葉もあれば、愛読している作家の片言隻句《へんげんせっく》もあります。

たとえば最近、私が書いたある書評の書き出しはこんな具合でした。

　教養の大切さを説く声をよく聞くが、それでは一体、教養とは何なのか。一つの答えをとりあえずいえば、歴史を知ることではないか。

　おそらく突拍子もない考え方ではないだろう。司馬遼太郎が相変わらず人気が高いのも、歴史を知ったり、楽しんだりすることで、広義の教養が身についていく感覚があるのも理由の一つのはずだ。

「教養とは歴史を知ることではないか」というのは、学生時代に友人が語ってくれた言葉です。つまり、約四十年前に聴いた文言ということになります。以来四十年間、私は試行錯誤の多い人生を送りながら、この言葉を抱き続けてきました。そして、さえない人生の重さで、これは真実ではないかな、と思っています。歴史についての本を書評するにあたり、私においてはとっておきの言葉を使ったわけです。

もう一つ。「司馬遼太郎」は私には数少ない切り札の一枚です。三十代のころ、猛烈に司馬を読みました。「司馬遼太郎を歩く」という新聞連載で、司馬の小説の舞台もいくつか訪ねました。司馬が取材した地元の歴史家の方々にも何人か取材しました。

若いころに司馬と親しかった黒岩重吾にも、本音で司馬の話を聴くことができました。吉村昭や古川薫など、司馬に批判的な作家の言葉も随分と耳にしました。他にもさまざまな作家や評論家に司馬についての評を意識的に聴き続けた蓄積があります。

それだけではありません。私にとって、司馬は同郷で、大学の先輩なのです。司馬の言葉遣いも、司馬の比喩も、司馬の過ごした街の空気も肌でわかるという思い込み（たぶん、思い込みでしょう）があります。

だから、人と話していて司馬の話題になると、「しめた」と思うのです。司馬について書くときには、もし、批判されれば、「おうおう上等じゃないか。おまえより、おれのほうが司馬のことを知っているよ」と逆にかみつくぐらいのハッタリを胸に抱いています。幸いに、まだ批判されたことはなく、馬脚をあらわさずに済んでいるのですが。

エッセイを書くときには、ハッタリでいいから、「私にとっての司馬」のようなものを持っているといいです。話題をそこに持っていけば、何とかなるという切り札です。切り札はたくさんあったほうがいいと思います。私は三十代のころから、意識して切り札を増やそうと思っているのですが、なかなか増えません。

たとえば、「親鸞」を切り札にしたかったのですが、全く勉強不足です。「源氏物語」については、友人たちと勉強会をしていましたが、ストーリーや登場人物の相関もあやふやです。「吉本隆明」や「大阪論」も考えるのですが、私より詳しい人はゴマンといます。話が横道にそれ過ぎました。とにかく、日頃、考えていることや思っていること、自分が得意だと勝手に思っていることから、エッセイを書きはじめるという方法が一つ目の書き出し方なのです。

シーンを描くことからはじめるのもいい

エッセイの書き出し方の二つ目は、シーンを描くという方法です。ある場面を映画かテレビドラマのように思い浮かべて、描き出すのです。

新聞のコラムで（コラムは正確に言うとエッセイとはちがいますが）、けっこう多いのが、会話ではじめるものです。「　」ではじめると文章が意外に書きやすいのです。会話も、場面をその場に現出させる典型的な方法といえるでしょう。

たとえば、こんな感じです。


「それ、犯罪だよ。わかっているの」

女性のきっぱりとした声の後、しばらく朝の満員電車は沈黙が支配した。不思議な緊迫感に、私は眠気が吹き飛んだ。一体、何があったのだろう。

次の駅で茶色のコートを着た中年の男が降りて、そそくさと走っていった。どうも、女性が痴漢の被害に遭い、当然のことだが、それを厳しくとがめたらしい。


読者が思い浮かべるような何げない場面（この場合は「朝の満員電車」）とあまり日常的では

ない事件（この場合は「痴漢」）を組み合わせた書き出しです。これは、私が何年も前に通勤途中で遭遇したシーンです。「犯罪」という言葉が鋭くて、記憶に残っています。まだ、使っていません。どんなテーマについてのエッセイに使えるか、わかりません。ただ、さまざまな場面を記憶の中に持ち札として持っておくといいように思います。

常日頃に考えていることから書き出すか、あるシーンから書きはじめるか。他にもあるかもしれませんが、この二つを覚えておくと、エッセイは書き出しやすいはずです。

この二つの例を私が愛読する作家の作品から紹介しましょう。まず、前者の例。

どの国の都にも忘れられない匂いというものがある。私がおぼえているのはパリなら冬の夜の焼栗屋の火の匂いである。初夏の北京はたそがれどきの合歓木の匂いでおぼえている。ワルシャワはすれちがった男のウォトカの匂いでおぼえている。ジャカルタの道には椰子油の匂いがしみこんでいた。

開高健『ベトナム戦記』（朝日文庫）の冒頭です。「匂い」に特化して、海外のいくつかの首都の記憶を描いています。世界中の首都の匂いを知っている作家だからこそ書ける「つかみ」です。この文章を書くために費やした作家の日々が思いやられます。文章を書くのは元手がかかるものです。そして、読者は果たして、サイゴン（現在のホーチミン市）の匂いはどういうものなのか、と期待が高まります。

開高健は視覚だけでなく、聴覚や触覚を大事にした作家です。そこにも、この作家の現代的意味があるでしょう。嗅覚も重視した小説家で、この文章は匂いによって、読者を誘う卓越した書き出しだと思うのです。

次はシーンを書く例です。

> ロジャ・メイチン君は、まだ二十代の日本語学者である。洛北一乗寺の小さなアパートに住んでいて、二、三の大学の講師をつとめている。かれの居住地のあたりを、
> 「深泥池《みぞろがいけ》ゆき」
> というバスが通るらしい。その深泥池という語源について数日考えこんだあげく、浪華東郊の拙宅にやってきた。

「深泥池という池をご存じですか」
と、美しい敬語で問いかけてきた。

司馬遼太郎『街道をゆく』第一巻の「竹内街道」の章の冒頭です。そうです。困ったときの司馬遼太郎です。また、「切り札」を切ってしまいました。

この場合、「深泥池」という固有名詞が深く印象に残りますね。強い響きです。そして、それを外国人が話している。西洋人が「ミゾロガイケ」と歯切れよく丁寧に話す場面が目に浮かんできます。そして、これからどう転んでいくのだろうと、これも先を読みたくなる書き出しです。

自分にとって身近な題材、考え続けてきた手持ちのカードを切るか、あるシーンをその場に現出させるか。いずれも、上陸する（エッセイを書く）ために、橋頭堡《きょうとうほ》（攻撃の足場になるポイント）を築くようなイメージです。

どちらの方法でもかまいません。とにかく書きはじめましょう。徐々にエンジンが温まり、スピードも上がってくるはずです。

シーンを印象深くするのは「一見関係のない要素」だ

シーンにつけたい「イロ」と「アジ」

文章を書くうえで、シーンを描く大切さはいうまでもありません。書き出しに困ったときにはシーンから書くのも方法の一つということについては、前項で触れました。

この項では魅力的なシーンを描くにはどうすればいいか、そのコツの一つについて書きたいと思います。

ズバリ、そのシーンには無関係に思える要素を加えるという方法です。それが妙味になるのですね。

日本語表現法の授業で、学生たちにエッセイを書いてもらっています。そのときに課題を出すのですが、どんな課題を出すかという選択がけっこう難しい。書くことへ自然にいざなうようなものにしたい。一体、どんな課題がいいか。

経験的に、これはいい作品がいっぱい読めるなあという課題は「忘れられない味」です。味覚というのは身近で、広がりのある題材だからでしょうか。また、食べるということが、生きることについて肯定的な側面を持っているからかもしれません。

課題を出すときにはアドバイスをします。この場合は、「味の向こうに人の姿が見えるように書こう」と添えます。甘い、辛い、苦い、おいしい、まずい、なんでもいい。どんな味でもいいから、味と同時に、かかわりのある人の肖像も描写しようというわけです。

いろいろな味についての作品が出てきます。家がお鮨屋さんをしている学生は、父親のつくる酢飯の味。「企業秘密」なので細かいことは教えられないといいながら、酸っぱさと甘さが絶妙に溶け合った味をお父さんの苦労とともに描いてくれました。

クラブの合宿で、いつもは無愛想な後輩たちからサプライズでお誕生日祝いのショートケーキ（コンビニで買ってきた）をもらって、泣いてしまったという力作もありました。

陸上部の厳しいトレーニングで唇についた土の苦さ、二人暮らしのお母さんと外食するときにいつも食べるチェーン店のラーメンの安定した温かさ、自分が子どものときに初めて一人でつくったカレーライスのまずさ。

ただ、少し物足りない感じのする作品もあります。私はとっさに「シンプル過ぎる。イロをつけようよ」「アジをつけよう」「まだ行数が余っているよ」とアドバイスします。ところが学生はキョトンとしている。そして、「イロって何ですか」「アジって何ですか」とたずねられます。

私が「イロ」や「アジ」という言葉で表現したかったことを説明しましょう。

たとえば、こんな作品はどうでしょう。店名は架空です。

親友の圭子とその日、オムライスを食べに渋谷のエッグマジックへ行った。圭子とは大学の入学式で仲良くなって以来、困ったことや苦しいことを何でも相談できる間柄だ。

お店はJRの渋谷駅から歩いてすぐの場所にあった。早速、店がイチオシの「マジック・オムライス」を頼む。とてもおいしい。ケチャップの上品な甘さをくるむように、卵のフワフワが口に優しい。その中から、微妙にコショウの効いたチキンライスが舌をくすぐる。まさに、卵のマジックだ。

ところが、三分の一ぐらい食べたところで、圭子が急にスプーンを置いた。

「おいしいね」と話しかけると、黙ったまま、私を見つめている。そして、その言葉を口にしたのだ。

「実はね、大学を辞めようと思うんだ」

「えッ」

それからは、彼女から退学の理由やさんざん苦しんできたこと、考え抜いた末に至った結論であることを聴いた。話を聴いているうちにオムライスの味がわからなくなった。何度、スプーンで口に運んでも、味がしない。水を何杯も飲んだ。オムライスはその水と同じ味がした。


かなりいい作品だと思うのです。でも、話がシンプル過ぎるのではないか。平板な印象を受ける。せっかくいい題材なのだから、もう少し、ニュアンスがほしい。

場面を新鮮に見せるもの

こういう惜しい作品に出会うと、私はいくつかの答えやすい質問をしたくなります。店はどんな雰囲気か。ウェイトレスはどんな人だったか。オムライスは大きいの？

そして、たとえばこんなふうに書き直したらどうでしょうか。

親友の圭子とその日、オムライスを食べに渋谷のエッグマジックへ行った。圭子とは大学の入学式で仲良くなって以来、困ったことや苦しいことを何でも相談できる間柄だ。

お店はJRの渋谷駅から歩いてすぐの場所にあった。早速、店がイチオシの「マジック・オムライス」を頼む。しばらくして、背の高い感じのいいウェイトレスさんが、アツアツのオムライスを持ってきてくれた。とてもおいしい。ケチャップの上品な甘さをくるむように、卵のフワフワが口に優しい。その中から、微妙にコショウの効いたチキンライスが舌をくすぐる。

まさに、卵のマジックだ。

ところが、三分の一ぐらい食べたところで、圭子が急にスプーンを置いた。

「おいしいね」と話しかけると、黙ったまま、私を見つめている。そして、その言葉を口にしたのだ。

「実はね、大学を辞めようと思うんだ」

「えッ」

それからは、彼女から退学の理由やさんざん苦しんできたこと、考え抜いた末に至った結論であることを聴いた。話を聴いているうちにオムライスの味がわからなくなった。私は何度もウェイトレスさんに水のおかわりを頼んだ。のどが渇いて仕方なかった。

オムライスをいくらスプーンで口に運んでも、味がしない。何杯も何杯も、水を飲んだ。そのたびに背の高いウェイトレスさんは微笑みながらついでくれた。彼女の右の頬にほくろがあって、それがなぜか記憶に残っている。

オムライスの味は相変わらずしなかった。水と同じ味がした。

シーンの魅力とは何か。それは新鮮さなのです。今までに見たことがないという感じなのです。

それでは、手垢《てあか》のついた表現、類型的な文章を脱するにはどうすればいいでしょうか。考えてみれば、私たちの人生で二つと同じシーンはありません。森羅万象が移ろいゆくのが世の習いです。だからこそ、ディテール（細部）が大事なのです。それがみずみずしさをもたらします。

この場合、友人から退学したいという意向を聴いて、おいしかったオムライスの味がしなくなったというのが文章の中心です。ウェイトレスの背が高かろうが低かろうが、ほくろがあろうがなかろうが、言いたいことには関係ありません。

しかし、私にはウェイトレスの身長やほくろの場所の記述がとてもおもしろい。こういうところに生きていくおもしろさがあり、人の世の楽しさがあるように思うのです。

なぜ、このウェイトレスの頬にほくろがあるのか。考えてみれば不思議です。でも、人の心の動きも不思議なものです。理屈は通用しません。圭子はなぜ、退学を決めたのでしょうか。いくつもの理由をあげるでしょう。でも、その中心はブラックボックスになっていて、すべてを論理的には説明できないのではないでしょうか。

背の高いウェイトレスの頬にほくろがある不思議は、圭子が退学を決めた心の動きの不思議と響き合っています。私は自分の人生を振り返ると、自分も他人も世の中も、よくわけがわからない、理屈では説明できない動き方をしているなあと、考えてしまうことが少なくないのです。シーンを描くなら、そんなところに響く文章にしたいのです。

「ローカルな言葉」は使いようだ

共通語の会話だけでは表せないものとは？

文章を魅力的なもの、わかりやすいものにするための有効な方法の一つは、これまでも述べたように、場面を描くことです。そして、会話を使うと映画のワンシーンのように、印象的なものになる場合があります。

ところで、皆さんはどんな言葉で会話をしているのでしょうか。NHKのアナウンサーのような言葉（共通語）で会話をしているのでしょうか。

おそらく、微妙に（あるいは大きく）ちがうのではないでしょうか。「〜じゃん」をはじめ、実際に話されているのは、首都圏でも共通語とは少しちがう言葉です。

全国どこへいっても通じるというのではない言葉。それらを「ローカルな言葉」と呼びましょう。ローカルな言葉を文章で使うことは、いい面とそうではない面とがあります。

ローカルな言葉の魅力は豊かなニュアンスが出せることです。会話が妙なリアリティーを帯びます。それに共通語とローカルな言葉が併用されると、文章に立体感が出るということもあるでしょう。

一方で、その地域以外の人にはわかりにくいという側面もあります。また、表記もしにくい。アクセントやイントネーションは書き言葉では表現するのが難しいですから。

実は私は幼いころ、愚かしいことに、日本中の人たちが自分と同じ言葉をしゃべっているのだと勘違いしていました。自分の言葉が「共通語」ではなく、「大阪弁」と呼ばれる言葉だと痛感したのは小学校も高学年のときでした。

信州に旅行していて、私が「しんどい」と言ったのに対し、「それはどういう意味ですか」と観光バスのガイドさんにたずねられたのです。突然のことにしどろもどろになりながら、「疲れた、みたいな意味です」と答えたのでした。

自分が「ローカルな言葉」によって日常的に生活しているのだと自覚した原体験です。若いガイドさんがかわいい声で何度も「しんどい」「しんどい」と初めて知った言葉を一人で繰り返していたのを覚えています。

関西人の苦い経験

次に自分の「ローカルさ」を痛感したのは中学の国語のテストのときでした。助動詞の「れる」「られる」のどちらが適当かを答えさせる文法問題でした。

五段活用などの動詞には「れる」、上一段活用や下一段活用の動詞には「られる」が連なるというのが日本語文法で、それを答えさせる問題です。

ところが、私にとっては可能の意味で使うときは、上一段活用の動詞でも下一段でも、「起きれる」「捨てれる」と「れる」を連ねるのが、生まれたときから聞いたり話したりしてきた言葉なのです。

テスト時間中に私は何度も何度も自分の心の底にたずねました。でも、どうしても「起きれる」という言葉は出てきても、「起きられる」というのは何だか、気持ちが悪い。「捨てれんねん(捨てることができるよ)」とは言っても、「捨てられる」というのを可能の意味で使うのは間違っているような気がする(受け身では使いますが)。

だいたい私の母も父も祖母も、みんな「起きれる」「捨てれる」と話す。「明日、朝六時に起きれんのんか?」と言うはずだ。

それで、私は自分の母語に従って答えました。するとすべて×をつけられ、テストはひどい点で返ってきました。自分の母語に×をつけられるという衝撃的な体験でした。大げさに言えば、自分の立っている地盤がガタガタと崩れていくような思いでした。

その後、「ら」抜き言葉が蔓延《まんえん》して「問題」になったとき、「ざまあみろ」と思いました。私は漫才ブーム、お笑いブームによって、可能の助動詞には「られる」ではなく「れる」を使う関西言葉が全国に広がったためだと憶測しました。

しかし、この仮説は数年前にある日本語学研究者に全否定されました。「ら」抜き言葉はずっと以前からあったというのです。でも、私としては、根拠のない憶測にこだわりたい。全国に流通している日本語が変容して自分の母語に近づくのは、いいようのない快感です。

地方出身の人が進学や就職のために東京（あるいは故郷とはちがう他の土地）で暮らすことになったとき、ぶつかる問題の一つは言葉です。自分が今まで普通に使っていた言葉が、実はある地域に特有の言葉だと自覚することになる。

ショックで失語症に陥る人がいるかもしれません。言葉を使うのが怖くなってしまうかもしれません。

方言はアドバンテージ

ただ、文章を書く現場では、実生活のマイナスはプラスになることが多いのです。これは不思議な鉄則です。方言を使えるということは、それだけ日本語の能力が豊かだということでもあるのです。

せっかくのアドバンテージです。実生活で苦しい思いをしているのだから、せめて文章を書くうえで役立てましょう。

例文で方言のパワーを考えてみます。一人称の語り手は女性です。女性から男性への別れの言葉です。好きだけれど、別れるという場面です。まず、共通語から。

「あなたが好き」。そう言いたかったが、私は我慢した。そんなことを口にしたら、これまで耐えてきたすべてのことが、無に帰してしまう。

「もう今夜、大阪に帰るから」と私は言った。

「もう帰るの。もう少しいたらいいよ。明日は銀座に行こうと思っていたのに」と彼は本気かどうかわからない感じで返す。

「それもいいと思うけれど。帰れなくなるのもいやだし」

「大阪に帰っても何もないでしょう。もう少し、東京にいたらいいよ」

「何もないけど、帰る。何もないから、帰るの。おかしな言い方で、あなたにはわからないかもしれないけれど」


文章全体が少し、よそよそしい感じがしませんか。でも、クールでいいという人もいるでしょう。これを「私」が大阪言葉を使う設定で書き替えてみましょう。

相手の男は高校の同級生。大阪出身ですが、大学から上京して、今は東京で働いています。大阪弁は通じるのですが、意識の中では東京人です。「ジブン」というのは二人称で「あなた」という意味です。


「ジブンが好きやねん」。そう言いたかったが、私は我慢した。そんなことを口にしたら、これまで耐えてきたすべてのことが、無に帰してしまう。

「もう今夜、帰んねん」と私は言った。

「もう帰るの。もう少しいたらいいよ。明日は銀座に行こうと思っていたのに」と彼は本気かどうかわからない感じで返す。

「それもええねんけど。帰れへんようになったら、いややし」

「大阪に帰っても何もないでしょう。もう少し、東京にいたらいいよ」

「そら何もないねんけど、もう帰んねん。何もあらへんから、帰んねん。おかしな言い方やろ。ジブンにはわからへんかもしれへんけど」


「私」が福岡出身の女の子ではどうでしょうか。福岡も方言をしっかりと守っている地域のように思います。設定は前の文章と同様です。

「あんたん好いとう」。そう言いたかったが、私は我慢した。そんなことを口にしたら、これまで耐えてきたすべてのことが、無に帰してしまう。

「もう今夜、帰るけん」と私は言った。

「もう帰るの。もう少しいたらいいよ。明日は銀座に行こうと思っていたのに」と彼は本気かどうかわからない感じで返す。

「そいもよかとけど、帰れのーなったら、いやだし」

「博多に帰っても何もないでしょう。もう少し、東京にいたらいいよ」

「そいは何もなかよ、なかけど、帰るけん。何もなかから帰るとよ。おかしな言い方やろう。あんたにはわからんかも、しれんけんけど」

私は福岡市で十年近く暮らしました。でも、博多弁を話すことはできません。特に「ばってん（けれども）」という言葉が使えません。最後は「しれんけんばってん」にするかどうか迷いました。

どうでしょうか。大阪弁と博多弁でニュアンスはちがいますが、クールな鋭さが丸くなって、体温や息遣いを力強く表現しています。逆に、こんなにコテコテの方言ではムードが出ないという読者もいるかもしれません。

どちらがいいとか悪いとかいう話ではありません。でも、共通語と方言の両方を使えるのが表現力を豊かにしているのは、わかっていただけるのではないでしょうか。

この例文の要点は、「何もないから、(地方へ)帰る」というところです。ここに論理的な理由は、少なくても表面的にはありません。「私」という女性は合理的に考えると、おかしな主張をしています。あるのは「情」か「意地」か「筋」です。

そして、論理的でない主張、理屈を超えた情を表現するときに、ローカルな言葉はパワーを発揮するように思います。信仰や愛を訴えるときもそうでしょう。

ただ、いくつか留保をつけたいと思います。私は地の文は共通語のほうがいいように思います。地の文まで方言だと、読みにくいからです。また、会話を方言にする場合、わかりにくそうな言葉には「ジブン(あなた)」というように、共通語訳を明示したほうがいいように思います。

ところで、ローカルな言葉は方言に限りません。たとえば、職場の符丁《ふちょう》はおもしろいニュアンスを持ったローカルな言葉です。

デパートやスーパーでは、スタッフ同士で符丁によって会話をします。トイレに行くことを「棚の整理に行く」と言ったり、万引きの発生を「鈴木さんがきました」と言ったりするわけです。こういう会話を文章で使うと臨場感が生まれます。

財布を買いたいという初老の男性の相手をしていると、店内放送が流れた。

「鈴木さんがいらっしゃっています。立花さんは事務所まできてください」

「鈴木さん」とは万引きの符丁だ。盗難担当の私は、店の奥にある事務所へ急いだ。

会社や人を地名で呼ぶのも、文章に親密な感じをもたらします。東京都八王子市に住んでいる叔父を「八王子」と呼んだり、中央区築地にある新聞社を「築地」と呼んだりするものです。これも、会話の密度を濃くする場合があります。

他にも、家族や恋人同士で通じる言葉、会社内やサークル内で通用する言い回しなど、ローカルな言葉にはいくつもの種類があります。

　これらの言葉は使いようです。文章作成に生かさない手はありません。共通語の平板さを破り、文章表現の豊かさにつなげたいものです。

オノマトペは身体を震わせる

〝文学史を更新する〟オノマトペ

「わんわん」「のそのそ」などの擬音《ぎおん》語や擬態《ぎたい》語を総称して、「オノマトペ」と呼びます。日本語はオノマトペ表現の豊かな言語だと聞いたことがあります。確かに、英語ではオノマトペはあまり習わなかったような気がします。

いかに自分たちがオノマトペを使っているか。夜にその日の会話を振り返れば、思い当たる人も少なくないのではないでしょうか。

私が重宝している本に小野正弘編『日本語オノマトペ辞典』（小学館）があります。ここには四千五百語のオノマトペが収められています。日本語にオノマトペが多いことは、日本人のある性格を象徴的に示しているのかもしれません。

私が授業でオノマトペについて話すときに、必ず例示する二つの文章があります。いずれも、あまりにも有名な一節です。

サーカス小屋は高い梁《はり》
そこに一つのブランコだ
見えるともないブランコだ

頭倒《さか》さに手を垂れて
汚れ木綿の屋蓋《やね》のもと
ゆあーん　ゆよーん　ゆやゆよん

ご存じ、中原中也の詩「サーカス」の一部です。「ゆあーん　ゆよーん　ゆやゆよん」のオノマトペは一度、読んだら忘れられない響きを持っています。大きく揺れるブランコが、目に見えるような臨場感で迫ってくるのです。

続いて、もう一つ。

どっどど　どどうど　どどうど　どどう

青いくるみも吹きとばせ
すっぱいかりんも吹きとばせ
どっどど　どどうど　どどうど　どどう

宮沢賢治「風の又三郎」の冒頭です。風を描いた表現です。この個性的な表現も、一度読むと深く記憶に残ります。いっぺんに作品世界にいざなわれることでしょう。東北地方の厳しくて懐《ふところ》の深い風土を感じる人がいるかもしれません。

中原中也も、宮沢賢治も、独特なオノマトペで独自の文学世界をつくり出しています。「新しいオノマトペが、文学史を更新する」とうそぶきたくなるほどです。私たちはその表現に接して、神経を刺激され、身体を震わせることになります。オノマトペは頭だけではなく、身体に効いてくる。私はときどき、そこに詩的発想の原点のようなものを思い描きたくなります。

オノマトペで流行語

日本人はオノマトペ表現が得意です。その時代その時代で新しい言い方が流行します。

最近、よく目にするオノマトペを二つあげてみましょう。

「もふもふ」。犬や猫など、動物の毛がやわらかくて、ふわふわしている感じを示す言葉といっていいでしょうか。テレビ番組のタイトルなどにも使われて、すっかり、メジャーな表現になりました。この表現をよく目にするということは、実生活がもふもふしていないからではないか、といらない勘ぐりをしてしまいます。

一方でこのところ、ゼミの卒業生から送られてくるメールによく使われているのは「せっせか」です。「忙しくて、せっせか働いています」「元気です。いつも、せっせかしています」といった使い方でメールをくれます。

ネットで調べると「せっせと」「せかせか」が合わさった擬態語ということになっています。一生懸命に働いているようすが伝わってくる表現で印象に残りました。どこか自分を相対化している（他人の目で自分を見ている）感じのユーモアがあって、読む人に親しみやすい表現だと思いました。

この二つのオノマトペから、現代を「もふもふとせっせかの時代」と呼んでみてはいかがでしょうか。そんな思いにもかられました。

大学の日本語表現法の授業では「オリジナルなオノマトペで、エッセイ執筆を楽しんだら、どうでしょうか」と誘うことにしています。

ただ、オノマトペも使いようで、描写をわかりにくくする場合もあるし、使い過ぎると文章全体が幼稚に見えるおそれもあります。幼児を相手に書いているような調子になってしまうのです。例外は多々あるでしょうが、六百字から八百字程度のエッセイでは、オノマトペは一～二回程度が穏当でしょうか。

その授業でよく出す課題に「私の好きな季節」があります。私は課題を出すときにしばしば、条件を付けます。比喩を使ってくださいとか、段落を五つ作ってくださいとか。「必ずオノマトペを使ってください」という条件のもと、次のような作品が提出されれば、どんなアドバイスをすればいいでしょうか。

私が好きな季節。それは何といっても冬だ。クリスマス、お正月、そして、私の誕生日。多くのイベントがあり、そのたびにさまざまなファッションを楽しめる。それに鍋料理で温まるのも、大好きなスケートで身体を躍らせるのも、この季節なのだ。

クリスマスとバースデーでほっこりほかほか。コートでふんわり、マフラーでキュッ。スケートすいすい。冬は毎日がパラダイス。そのうち、バレンタインデーで、ドキドキ、ギュッ。

余談ですが、近年の学生たちには冬の人気が高いです。特に女子大生の多くが好きな季節として冬をあげます。寒がりの私には考えられないことです。どうも日本人は夏よりも冬が好きな民族になりつつあるというのが私の仮説です。

この文例は、そんな冬の魅力についてイベントを網羅しながら、感覚的に表現したものといえるでしょう。気持ちはわからないでもないのですが、表現が感覚的に過ぎる点、しかも、その感覚の表現が類型的なところが難点といえるでしょう。ひどいいい方をすれば、へたな広告コピーを読まされているような気がしてきます。

新鮮なオノマトペのつくり方

ところで、ときどき用いられる、それなりに有効な方法として、類型的なオノマトペを否定して、対置させたオリジナルなオノマトペにいいかえるというものがあります。たとえば、こんな具合です。

タイに来て四日になる。今日も静かな雨が降っている。でも、「しとしと」というのではない。熱帯雨林気候のせいだろうか。静かな雨にも粘りがある。おかしな言い方だが「しーとせーと、しーとせーと」という感じで降っているのだ。

大関の歩き方は重みがちがう。でも、いつも身体を激しく動かしている人らしく、意外に軽快な感じもあるのだ。「のっしのっし」でもないし、「ドタドタ」でもない。もちろん「サッサ」というのでもない。しいていえば、変な表現だが「どっささ、どっささ」とでもいえばいいだろうか。重くて迫力があるのに、俊敏で軽快な感じ。それは、彼の性格でもあるのだと思う。

一度、類型的な表現を示したうえで、それを否定して、オリジナルな表現を披露すると、無理が少なくなるように思います。類型的な表現が橋になるのです。読者はいつも渡っている橋なので、容易についてきてくれます。ついてきたとわかったら、その橋を壊してしまいます。読者は次に用意されている「オリジナルなオノマトペ」という見慣れない道を通るしかなくなるのです。

それでは、たとえば、先の文例を次のように書き直せば、どうでしょうか。

私が好きな季節。それは何といっても冬だ。クリスマス、お正月、そして、私の誕生日。多くのイベントがあり、そのたびにさまざまなファッションを楽しめる。それに鍋料理で温まるのも、大好きなスケートで身体を躍らせるのも、この季節なのだ。

クリスマスとバースデーで二回ケーキを食べる。お祝いしたり、祝ってもらったりで、心の底がじーんじんと泡立ってくるのがこの季節。私の心はほんわかなどしない。ポットでお湯を沸かすときみたいに、少しずつ泡立ってくるのだ。

外出はもちろんお気に入りのネイビーブルーのコート。お正月には赤いマフラー。バレンタインデーのころには、私の心は沸騰しそうだ。


果たして、どれだけマシになったかわかりません。それでも、少しは個性的なエッセイに変わったのではないでしょうか。

オノマトペは日本語表現をするときの有力な武器です。あなただけのオノマトペを楽しみながら使ってみましょう。ただし、無理なく読者がついてこられるように工夫しながら。

比喩は世界をたぐり寄せ、意味づける

表現を豊かにする比喩の力

あなたは晩秋の夜道を歩いているとします。森のそばを通る細い一本道。街灯はあるにはあるけれど頼りなく、周辺は薄ぼんやりとしています。遠くで鳥か獣の鳴き声でしょうか、ホーッという音が聞こえる。心細いですが、とにかく歩くしかありません。あと五分もすれば、目的地である恋人の家にたどり着くはずです。

ところが異変に気づきます。向こうから何者かが歩いてくる。一体、何だろう。どうも、黒くてよくわからない。

この事態を後から文章で書くとしましょう。そんなときに役に立つのが比喩《ひゆ》です。たとえば、こんな感じでしょうか。

　　何か、黒いものが向こうから歩いてきた。突飛な話だが、歩き方はゾウかサイのようにゆっくりとしている。だったら、狩ってやろうと身構えた。

キュルキュルという音とともに近づいてくる。逆光になってよく見えないのだが、背丈はかなりありそうだ。その暗い影は巨人のようだ。それにしても、このキュルキュルという乾いた音は何だろう。

歩いて来たのは背の高い男だった。不審な感じがした。歩き方がどこというのは難しいのだけれど、変な印象があったのだ。この大柄な男はこんな時間にこんな場所で何をしているのだろう。男は口を開けている。それが洞窟の入り口のように暗かった。


私たちはわけのわからないものに出くわしても、とりあえず、それを言葉で表現しようとします。そのときに力を発揮するのが比喩です。

「ゾウかサイのよう」といわれれば、多くの人は動物園で見たことのある四本脚の動物を思い浮かべるでしょう。「巨人」と表現されていると、身長二メートルぐらいの長身の男を思い描くのではないでしょうか。あるいはテレビで見た身体の大きなプロレスラーを想像するかもしれません。洞窟の入り口のような口とはどんなものでしょう。不気味さが伝わってきます。

比喩は世界に形を与え、世界を身近にたぐり寄せます。抽象的な「黒いもの」が、具体的な動物や巨人にたとえられることで、私たちの目に浮かぶようになるのです。

一方で、自分がどう思っているかを端的に説明できるのも、比喩の魅力です。不気味な感じ、わけのわからない印象を残しながらも、自分はそれを何かの大きな動物のように感じた、巨人のように見えた、口が洞窟のようだった、と形容することで、こちらの感情や驚きを自覚し、それを読んでいる人に伝えることができるのです。

村上春樹は比喩の名人

ここで、村上春樹の話に転じましょう。私はこの文章作成術を書くにあたって、早く村上の話題を出したかった。でも、ここまで我慢をしてきました。比喩について書く章で村上の名前を出そうと考えていたからです。

村上の小説はさまざまに特徴づけることができます。比喩はその一つです。

私はときどき「出前授業」と称して、高校に派遣され、授業をすることがあります。大学の学びを高校生に紹介するイベントです。それで何について授業をするか。

私が思いついたのは、デビュー以来、リアルタイムで読んできた村上春樹についての授業をやろうというものでした。村上の小説なら、舞台設定も、出てくるものも、高校生に比較的なじみやすいのではないか。物語はとてもおもしろい。それでいて、深みもある。いろいろと論じるポイントもあげやすい。

ただ、問題があります。一回の授業は四十分から八十分程度です。その時間で村上の小説を論じなければなりません。短編でも、読み通すのは難しい。作品の一部を読む方法もありますが、前後を説明しなければ、わかりにくいでしょう。そんな授業をして、果たしておもしろいでしょうか。

それで考えついたのが、村上の作品から比喩を取りだして、それを高校生たちに読んでもらうという方法でした。村上の小説には、個性的な比喩が多く出てくる。それは村上作品のきわだった魅力になっています。比喩をいくつか読んでもらえば、村上作品の雰囲気にも触れられるし、その特質も味わってもらえるのではないか。これなら、短時間で講義もできます。

そんな私には強力な参考書がありました。芳川泰久、西脇雅彦著『村上春樹　読める比喩事典』（ミネルヴァ書房）という本です。村上の長編小説に出てくる比喩をテーマや類似の項目ごとにまとめた一冊です。芳川はこの本の「はじめに」で、村上が比喩を多用するのは「極端に言えば、日本の小説言語の常態を変えてしまうという覚悟の表れ」と指摘しています。

芳川がいうには、日本の小説においては比喩の多用は禁じ手だった。比喩の多用は自然主義がつくりだした小説らしさとは別の小説言語の構築になっているというのです。

出前授業ではいくつもの比喩をみんなで読みながら、少しずつ、村上作品の特徴を解説していきます。

村上の小説は深刻な魂の問題を真正面から描いていること。現代的な都市生活を描いているのは表層で、それを引きはがすとさまざまなものが隠れていること。日本の伝統的な文学や思想に根差していること。無常観、四季の移ろい、多神教的な世界観、善悪がはっきりしない世界が語られていること。「理想的な共同体」が解体して、一人ひとりがむき身で生きる世界が描かれていること。

こういったことを説明するのに、比喩の例はとても有効です。最初に「後で自分がもっとも気に入った比喩をききますので、考えながら読んでくださいね」とお願いします。熱心にメモを取りながら、比喩を読む高校生も少なくありません。

高校生たちに人気のあった比喩を三つぐらい引用しましょう。

〈わかっている〉という風に彼女は手短かに肯いた。彼女の首筋にはオーデコロンの匂いがした。夏の朝のメロン畑に立っているような匂いだった。

『世界の終りとハードボイルド・ワンダーランド』

夜の十時になると彼女は机の前に座る。熱いコーヒーをたっぷり入れたポットと、大きなマグカップ（……）と、マルボロの箱と、ガラスの灰皿が前にある。もちろんワードプロセッサーがある。ひとつのキーが、ひとつの文字を示している。

そこには深い静寂がある。頭は冬の夜空のようにクリアだ。

『スプートニクの恋人』

彼らはまるで涸れた井戸に石でも放り込むように僕に向って実に様々な話を語り、そして語り終えると一様に満足して帰っていった。

『1973年のピンボール』

いずれも、とてもイメージしやすい比喩です。
私は夏の朝のメロン畑の匂いをかいだことはありませんが、さわやかで清潔で、でも少し甘い匂いをかいだような気になります。メロンジュースやメロンソーダの記憶があるからでしょうか。
冬の夜空にはオリオン座が浮かんでいそうです。澄みきった空のように頭がクリアになる。星がきれいにまたたいている。これもわかりやすい比喩ですね。
井戸は村上がよく使う比喩のように思います。「涸れた井戸」というのは恐ろしいですね。上からのぞきこむと自分がどこまでも落下していきそうな感じです。涸れた井戸に共感する高校生に切なくなります。

村上春樹の比喩はいわば超絶技巧で、私たちがエッセイを書くときにそのまま参考にしていいかどうかは微妙です。イメージがかけ離れていてすべってては、説得力を持ちません。一方で、よくある類型的な比喩だとありきたりでイメージを喚起しません。でも、比喩を積極的に使って文章を豊かにしてほしいとも思います。

大学の日本語表現法の授業で、比喩を少し使えば面白くなるのにとか、この比喩はちょっとわかりにくいかなあとか、ありきたりな比喩なので、ほんの少し工夫すればいいのになあとか、思うことがあります。たとえば、こんな文章に出会ったとしましょう。課題は「とにかく大変だった」です。「阿佐ヶ谷駅」は東京都杉並区にあります。

私はあの日の冷たい雨を決して忘れない。ネバ河に浮かぶ氷のように冷たい雨だった。きっと死ぬまで覚えているだろう。みじめで、悲しかった。

「なんだか、飽きたんだよね」。その日、今でも信じられない言葉を聞いたのは、JR阿佐ヶ谷駅前のチェーン店のカフェだった。私のお気に入りの店で、二階に上がると改札口前を行きかう人々の姿が見える。黄色い傘を持った三歳ぐらいの小さな女の子が母親らしき女性に手を引かれて歩いていく。アヒルの親子のようだ。

「えっ、どういうこと」

彼も窓の外を眺めていた。冷たい目をしていた。

類型を食い破る比喩

ネバ河はロシアを流れる大河です。ロシア文学を愛読している人にはおなじみの河ですが、そうでない人には「?」となってしまうのではないでしょうか。「アヒルの親子」はいかにもという感じで、類型的な印象を持ちます。最後の「冷たい目」は勝負どころなのだから少し工夫して楽しんでほしい。おもしろいエッセイなので、味わい深くしたい。こんなふうにしたら、どうでしょうか。

私はあの日の冷たい雨を決して忘れない。とがった氷のように私の肌を傷めた雨。シベリアを流れる大河には、あんな冷たい水が流れているのだろうか。きっと死ぬまで忘れない。みじめで、悲しかった。

「なんだか、飽きたんだよね」。その日、今でも信じられない言葉を聞いたのは、JR阿佐ヶ谷駅前のチェーン店のカフェだった。私のお気に入りの店で、二階に上がると改札口前を行きかう人々の姿が見える。黄色い傘を持った三歳ぐらいの女の子が母親らしき女性に手を引かれて歩いていく。よちよちと懸命に歩くようすを見ていると、中学のときに学校で飼っていたアヒルの親子を思い出した。いつも温かい毛をしていた。

「えっ、どういうこと」

彼は窓の外を眺めていた。ガラス玉のような瞳だった。私に決して表情を読み取らせない。ある種の魚のような目だった。

どうでしょうか。少しはマシになったでしょうか。

エッセイは自分の思いを他人に伝えるものです。でも、「自分の思い」って、どうもよくわからないところがありませんか。何か黒くてもやもやしていませんか。

夜道で向こうから来る「得体の知れない黒いもの」を形容するためには、比喩を駆使しましょう。あなたが「胸の中でもやもやしていたもの」も何かにたとえているうちに、それが形を持ち、色彩を帯び、音を奏で、においだってしてくるかもしれません。

そんな楽しみに夢中になっているうちに、「得体の知れない黒いもの」も案外、捨てたものではないように思えるかもしれません。「胸の中でもやもやしていたもの」も、距離を置いて眺めれば、実は生きる喜びの一つかもしれないのです。そうしているうちに、悲しみやみじめさは徐々に薄まり、クズのような男とだって、笑って別れられるというものです。

この世は答えられない謎ばかり

ラグビーボールはなぜ丸くないか

ラグビーやアメリカンフットボールの試合をテレビなどで見るたびに不思議な思いにかられます。見ていて、自分の身体が宙に浮いていくような感じというか、地に足がついていないような感覚というか、そんな思いに誘われるのです。

どうして、そんなことになるのかというと、理由はボールにあります。野球やサッカーのような球体ではないのです。だから、どこに転がるか、わかりません。バウンドだって、予測しにくい。なぜ、こんなボールを使って、ゲームをやらないといけないのでしょうか。

この二つのスポーツの歴史について、私はよく知りません。だから、勝手な妄想をするのですが、そこには「世の中は予想を裏切るようにできているのだ」とか、「人生はどこに転がるかわからないからおもしろいのだ」といった思想が潜んでいるような気がしてなりません。単なる夢想のようなものですが。

ラグビーやアメフトを見ていて味わう不安定な感じは、どこにバウンドするかわからないボールに、実は自分の人生に対する感覚を重ねてしまうからかもしれません。私たちが生きている姿を、あの奇妙な形をしたボールに突きつけられるからかもしれません。

還暦まで生きるとしみじみとわかることですが、人生というのは謎に満ちています。どこに転がっていくのか、事前にはわかりません。一つの謎が解ければ、また、別の謎が現れます。謎はラッキョウの皮のように際限がありません。これが人生に抱く私のイメージなのです。

文章を書くときにも、この感覚は大切だと思います。ときどき世の中のことは全てわかっているような感じで文章を書いている人がいますが、読んでいるうちにムカムカと不快感がこみ上げてきます。自分を疑わない嫌ったらしさが、身体にまとわりついてくる感じといえばいいでしょうか。

私は自分を疑っています。同時に自分の外の世界にも疑問を抱いています。この世は謎ばかりで、暗いなかを手探りで生きています。自分の心持ちをたずねられることがあると、そんなふうに答えることにしています。

自分にも世界にも疑問を持っているという態度は、文章にも深みをもたらします。読者は文字を追っていくうちに、その深みにはまってしまったり、その深みをのぞきこんだりするものなのです。なぜなら、読者の多くが本当は、自分にも世界にも、疑いを持ちながら生きているからです。

ラグビーの話題が出たついでに、彼氏がラグビーをしている女の子のエッセイを想定して、この問題を考えてみましょうか。次のような作品はいかがでしょうか。

ラグビーをしているトシオ。私が彼にひかれた理由はまず、その肩幅の広さだった。背はあまり高くないのに、身体全体ががっしりとしている。その確かな存在感のようなものが私を最初にひきつけたのは確かだ。そんなスポーツマンの彼なのに、タバコを吸うのが玉にきずだ。身体に悪いからやめてほしいというのにやめない。本数は少し減らしてくれたけれど、まだ一日に二十本は吸っているのではないだろうか。タバコをやめれば、もっとスタミナがついて、ラグビーの試合でも、今以上に頑張れるのではと思ってしまう。

ラガーマンの彼氏が好きなことはよくわかりますが、全体が平板でおもしろくありません。世間によくある話を書いているのだから、もう少し、工夫がほしいところです。こんな感じにしてみたら、いかがでしょうか。

ラグビーをしているトシオ。私が彼に最初にひかれたのは、その広い肩幅だった。背はあまり高くないのに、身体全体ががっしりとしている。その確かな存在感。それがたぶん私をまず、とらえたのだ。そんなスポーツマンの彼なのに、タバコを吸うのが玉にきずだ。なぜ、そんなことをしているのだろう。はがゆくて仕方がない。少しは減ったとはいえ、今でも一日に二十本は吸っているのではないだろうか。なぜ、人はタバコなど吸うのだろう。ラグビーのボールがどこへ転がるかわからないように、私には彼の気持ちがわからない。だけど考えてみれば、どうして私が彼を好きになったのかだって、本当はよくわからないのだ。「確かな存在感」？　こんな言葉で自分を一応は納得させるけれど、本当にそんなもので彼に恋をしたのだろうか。

どうでしょうか。少しはマシになったでしょうか。わからないことを効果的に書く。どうせわからないことなのだから、下手に理屈をつけるよりも、わからないことをそのまま吐露したほうが深い表現ができる場合があります。「これはこういうことなんです。あなたたちにわかりますか」というよりも、「よくわからないので、どうか、一緒に考えてやってください」といったほうが短い文章では奥行きが生まれるのです。

余談ですが、人の恋心というものほど、不可解なものはありません。論理的に考えると絶対にAよりBのほうが優れている。客観的な評価をするとAよりBのほうがいいに決まっている。誰に聞いたってそういう。実は当事者もそれはよくわかっている。

でも、Aのほうが好き。Aと一緒にいたい。人から笑われたり、バカにされたりするかもしれないけれど、それさえ、快い。それが恋愛です。そして人類はあまたの恋愛をめぐる物語を書いてきました。恋愛というものを考えるだけで、人間がいかに不思議な動物か、不可解な存在か、わかるというものです。

もちろん、恋愛だけではありません。信仰や犯罪も論理を超えたところがあります。「頑固」とか、「意地っ張り」とか、「執念」とか、「嫉妬」とか、そんな身近な性向や感情を考えても、人間は論理だけで動く動物ではないことがわかります。

自分も他人もわからない

さて、自分で自分のことがわからないと同様に、他人のこともわかりにくいものです。大学などの日本語表現法の授業では、二人一組になって相手のことを書くという課題を出すことがあります。インタビューして、その人の肖像を描き出す課題です。

といっても、何もきっかけがなければ、インタビューもしにくいものです。それで相手に「好きなもの」をたずねることにします。「好きなもの」はその人のことをよく示しているでしょう。だから、課題は「○○さんの好きなもの」です。

できるだけ知らない人とペアを組むほうがいいので、トランプを配って、同じ数字の人と組んでもらうことにします。お互いにインタビューをし合います。相手の好きなものを聞くのはもちろん、家族構成や出身地、住んでいる街、専攻、サークル活動、将来の夢など、さまざまな質問が飛び交います。

「あなたは芸能事務所の社長で相手の人を売り込むような感じで紹介しよう」「でも、ほめ過ぎるとうそっぽくなるから注意しよう。少しけなしてからほめると本当っぽくなるよ」「シーンを描くのは今回も有効です。ちょっとした場面を想定しよう」。執筆をはじめる前には、そんなアドバイスをします。

たとえば、次のような作品が出て来たとしましょう。

タカ君は子供が好きだという。この大学に入ったのも、小学校の先生をめざすためだ。「なぜ、子供が好きになったの」とたずねると、「うーん、純粋なところかな」と笑顔で答えてくれる。弟（タカ君はふたり兄弟）はもちろん、近所の子、親戚の子、中学生のときぐらいから子供と一緒にいるのが楽しいという。
真っ黒に焼けた顔は、ボランティアで子供たちにサッカーを教えていて、日焼けしたためだ。小柄なタカ君に、小学生たちとグラウンドを駆け回る姿は似合いそうだ。「何か、自分も無心になれるんだよね」

「どんな小学校の先生になりたいの」と質問を重ねると、「うーん（うーんというのがタカ君の口癖だと発見した）、子供の気持ちに敏感というか、子供が悲しいときは同情しながら励ましてあげたいし、嬉しいときは一緒に喜んであげたい。そんな先生になりたい」と話してくれた。黒目がちの目を見ながら話を聞いていると、きっといい先生になると思えてくる。

どうでしょうか。タカ君の素直な感じが伝わってくるようです。でも、なんだか凡庸な印象も受けます。理屈で割り切れ過ぎていて、世の中、そんなにうまくいくかなあ、とツッコミを入れたくなるのです。本当かなあと疑ってしまうのです。黒目がちの目が涙で曇らなければいいけど、と捨てゼリフを吐きたくなってきます。

いくつかの疑問を文章に埋め込めばどうでしょうか。たとえば、こんな具合です。

子供が好きだというタカ君。この大学に入ったのも、小学校の先生をめざすためだという。「なぜ、子供が好きになったの」

とたずねると、「うーん、純粋なところかな」と笑顔で答えてくれる。弟（タカ君はふたり兄弟）はもちろん、近所の子、親戚の子、中学生のときぐらいから子供と一緒にいるのが楽しいという。真っ黒に焼けた顔は、ボランティアで子供たちにサッカーを教えていて、日焼けしたためだ。

でも、子供ってそんなに純粋だろうか。場合によっては大人より残酷だし、大人より意地悪になるような気がする。それも純粋といえば、純粋なのだけれど。

でも、小柄なタカ君に、子供たちとグラウンドを駆け回る姿は似合いそうだ。

「何か自分も無心になれるんだよね」

「どんな小学校の先生になりたいの」と質問を重ねると、「うーん（うーんというのがタカ君の口癖だと発見した）、子供の気持ちに敏感というか、子供が悲しいときは同情しながら励ましてあげたいし、嬉しいときは一緒に喜んであげたい。そんな先生になりたい」と話してくれた。黒目がちの目を見ながら話を聞いていると、この目が曇るようなことがあれば悲しいな、と心配になってくる。そんなことがないようにと祈ってしまうのだ。もしも神様という存在がいたとして、タカ君をそんな目に遭わせるのだろうか。

どうでしょうか。少しは立体的になったでしょうか。インタビューをエッセイにまとめるという課題では、特にこの疑問を投げかける方法が効果をあげるような気がします。自分はその人のことをどれだけ知っているかと自問すれば、誠実な態度だといえるようにも思います。

疑問を多用すると、何をいいたいのか、わけがわからなくなることがあります。でも、効果的に使うと、いいたかったことをより豊かに表現できることが少なくありません。賢いあなたも、いや、賢いあなただからこそ、何となく答えがわかりそうなときでも知らないフリをして、読者に素朴に疑問を投げかけてみましょう。きっと多くの読者が、その疑問めがけて読みを深め、あなたの文章の底にあるものを訪ねてきてくれるはずです。

［コラム］

ビギナーが、今日から文章で戦えるようになる必殺技二つ──助川幸逸郎

甲子園を目ざすのか、メジャーリーガーを夢見るか──「万能の持ちネタ」の効用

この本のなかで私は、重里さんの見解と、食いちがうように映ることも述べています。

たとえば、次に掲げるのは、重里さんの「はじめに」の一節です。

《私はなぜ、雨が好きなのか、うまく整理できないままにこの文章を書きはじめました。ただ、余計なものを洗い流す感じや、風景がやわらかくなる実感は確かにあったのです。

文章を書き出すと、だんだんとイメージが絞れてきます。それで少しずつ、自分が感じたり考えたりしたことがまとまりはじめます。》

書くまえに何もかも決める必要はない。筆を執ってから鮮明になるものもある。ここではそういう意味のことがいわれています。

これに対し、私が担当した部分には、「『いちばん書きたい話題』ははじめに決めておこう」と題する章がある。

書くことを事前に決めたほうがいいのかどうか——この点について、私は重里さんの意見と、矛盾する考えをもっている。そう解釈する読者も、おられるかもしれません。

こうした嫌疑は、私にいわせていただくなら「誤解」です。「いちばん書きたい話題」を定めたからといって、稿を継ぎながら見えてくるものはなくならない。重里さんも、「なぜ、雨が好きか」について語ることは、決めてあったわけです。

ただし。

「事前に固めておく部分」と「筆を走らせつつ浮かびあがらせるもの」。両者の比率をどの程度にするべきかは、状況によってちがいます。

一般的にいって、読み手をうごかす力がつよいのは、「書きながら気づいたこと」の多い文章です。書き手の「発見のよろこび」がつたわるからでしょう。

それでは、「あらかじめ決めておく部分」は、つねに最小にとどめるのが鉄則なのか。かならずしもそうとかぎらないところに、文章術の複雑さがあります。

大学受験のころ、私は小論文のテストでいつも苦戦していました。文章を書くのが、きらいだったからではありません。理由はその逆。書くことが大好きで、ありふれた小論文をのこすのはいやだった。それで、「独創性のあることを言おうとしてネタを厳選するうちに制限時間切れ、答案は未完」をくり返していたのです。

この話を、大学院生だったころ、後輩にしたことがあります。

「僕、小論文はいつも最高点でした」

後輩は、表情を動かさずにいいました。

「どんな問題が出ても、具体例と結論はおなじことを書いてました。いい点がもらえる必殺パターンって、小論文では決まってるんです。そのパターンをいったん確立させたら、毎回、どうやってそこに持ちこむかを考えればいいわけで」

いかなる依頼に対しても、おなじ挿話が書かれたおなじオチの原稿で応じる——プロの文筆家がそれをやったら、たちまち仕事がなくなるでしょう。けれどもその方式が、小論文対策としては「特効薬」だったわけです。

「おなじパターンのつかいまわし」が有用なのは、試験の場合だけではありません。結婚式の祝辞の草稿をまとめたり、恩師の追悼文をもとめられたり——筆を執るのは苦手なのに、義理があって書くのを断れない場面は、年齢とともに増えていきます。そんなときに頼りになるのが、「万能の持ちネタ」です。

高校野球の試合では、金属バットが使用されます。金属バットは、そこに当たれば遠くに飛ぶスウィート・スポットが木製より断然広い。このため、高校生が打撃成績をあげるのに、「正確にバットの芯でボールをとらえる技術」はもとめられません。「バットをつよく振れる筋力」のほうが結果に直結します。

そのかわり、「バットをつよく振れるが、ボールを芯でとらえる技術を欠く選手」は、高校を卒業してから苦労する。日本のプロ野球でも、アメリカのメジャーリーグでも、公式戦で用いられるバットは木製だからです。

甲子園に行ければよしとするか。プロやメジャーを夢見るか。その選手がどこを目ざすかによって、最適の練習方法はちがってきます。文章を書く場合も、ゴールの設定次第で「とるべき道」がわかれるのはおなじです。

この本では、「洗練されたプロの技術」より、「書くことに慣れていないひとにもできる工夫」に焦点を当ててみました。

「文章を書けるようになりたいのに、どこから努力すればいいかわからない」

そう思っている読者のお役に立てたなら、私としては大満足です。

副詞と形容詞は控えめに

重里さんが比喩について語っている章が、とても印象にのこっています。具体例と数値が書かれた作品にインパクトを付与する。じぶんが担当したパートに、私はそう書きました。

比喩と、具体例や数値は、文章のなかで似た機能を果たす。そう私は実感しています。比喩は、著者の主観的な印象をあらわす技法。具体例や数値は、主観のまじらない対象のありのままをつたえるもの。両者は正反対を向いているように映るかもしれません。

私の考えはちがいます。書き手の主張が適切かどうか、読者自身が判断できるよう、「手でさわれる素材」を提供する――そうした「公正さ」において、比喩表現と、具体例や数値は通底しているのです。

「その男性のからだからは、猛烈な異臭がただよっていた」

これを読まされたら、「著者がクサかったというんだから、そうなのだろう」と思うしかありません。反論の余地もないかわり、前のめりに共感することも困難です。

「その男性のからだからは、夏じゅうごみ箱の底に放置されていたぶどうの皮のような異臭がただよっていた」

こんな風にいえば、「男性のからだから、ぶとうっぽい匂いなんてしないのでは」と、疑問をいだくひともいるかもしれない。反対に「うわぁ、それはいかにもクサそう」と、骨身にしみて感じる読者もいることでしょう。

これとおなじことが、具体例や数値についてもいえます。

「私の夫は、アル中寸前の大酒呑みだ」

こう書かれただけでは、これが適切な記述なのかどうか、読者は判断できません。

「私の夫は、毎晩かならず、ビールを大びんで二本呑む」

こういわれたら、ひとりひとりが「じぶんの意見」をもつことになります。「これは呑みすぎだなあ」とか、「ちょっと多いけど、アル中レベルとはいえないな」とか。

反対に、「手でさわれる素材」を隠して、細部をごまかすときにつかわれるのが、副詞と形容詞です（ここでは形容動詞も、形容詞に一括して考えます）。

「すごく感激した」

「その川の水はとてもきれいだった」

実際には、それほど感激していなかったり、川の水がどうだったか記憶がなかったり――それでも「ここに〈嘘〉を書けば、話がまとまる」というときに召喚されるのが、ありきたりの副詞や形容詞です。

また、「嘘」をいう気がなくても、対象を把握できないまま「ごまかし」を書いてしまうケースもあります。そのようにしてできた文章は、副詞と形容詞で埋めつくされる。

《第二楽章の、流麗かつデリケートで洗練された響きは、実に魅力的だ。特にヴァイオリンの艶やかな表情は筆舌に尽くしがたく、一時期のロンドン・フィルからは想像しえない美しさだ。第三楽章でも、旋律はニュアンス豊かで細部まで入念に表現されており、弦の魅惑的な音色は印象的。また、各パートの受け渡しも絶妙》

ある音楽雑誌に載ったブラームスの第三交響曲のＣＤ評です。演奏しているのは、マリン・オールソップの指揮するロンドン・フィルハーモニー。

しばしばいわれるとおり、音楽をことばで表現するのはむずかしい。しかし、右のＣＤ評は、「じぶんが対象からうけた印象」それ自体を、未整理なまま書いているように映ります。

「流麗」と「デリケート」と「洗練された」は、意味がかさなりすぎている。「艶やかな表情」と「一時期のロンドン・フィルからは想像しえない美しさ」も、ほぼおなじことをいっている。「ニュアンス豊かで細部まで入念に表現」も、「ミラクルな奇跡」の類いです。

《第二楽章の洗練された響きは、魅力的だ。特にヴァイオリンの表情は、一時期のロンドン・フィルからは想像しえない美しさだ。第三楽章では、旋律は細部まで入念に表現されており、弦の音色が印象的。また、各パートの受け渡しも絶妙》

「被っている表現」を省略して書きなおすと、こんな感じになりました。「良い演奏だ」と述べることだけに、このCD評が終始していることがわかります。

「どこが・どんな風によいのか」は、評者自身にも見えていない。そのことを、形容詞・副詞をかさねることでカモフラージュした。もしかすると、過剰な装飾に目がくらみ、「対象をわかっていないこと」に書き手当人が気づいていないのかもしれません。

形容詞や副詞をつかいたくなったら、「ほんとにそれでいいのか」と立ちどまってみる。それを心がけるだけで、文章から「嘘」や「ごまかし」は追放されます。そこに「通りいっぺんの、ピントのぼやけた文章」を脱却する近道がある。私はそう確信しています。

第三部

文章を書くときに知っておきたいこと

――助川幸逸郎

センテンスを短くするという「魔法」

一文が八十字を超えたら絶対アウト!?

大学受験生だった三十年あまり前のこと。

通っていた予備校の講師から、私はこんな叱責を受けました。

「おまえの作文は、ワンセンテンスが長すぎる。『二百字以内で答えなさい』という問題に、たった二つの文で回答したりしている。センテンスが八十字を超えそうになったら、かならずそこで切るようにしろ。それを心がけるだけで、見ちがえるほどいい文章が書けるはずだから」

そういわれて私は、その講師の「真意」をすぐさま理解できたわけではありません。ただ、「一文が八十字を超えたら絶対アウト」という一句は、奇妙に心に残りました。

このとき私が何を教えられたのか——はっきり納得できたのは、大学院に進んで「学術論文」を書くようになってからです。

たんなる「思いつき」ではなく、「研究」の名に価するものを著すのに必要な条件。それをひと言で言うのは難しいのですが、「用語を厳密に定義すること」が欠かせないのは間違いありません。そして、ある言葉をどういう意図で使うか、きっちり説明しようとすると、センテンスはどんどん延びていきます。

桐壺更衣・藤壺中宮・紫の上という、『源氏物語』の主要女性人物三者のかかわりを示すタームとして、これまでに様々な論者が問題にしてきた「紫のゆかり」は、「神話」や「伝承」に根ざした着想にいかに現実味を与えるか、という、『源氏物語』が書かれた時代の物語文学に課せられた難題を解決する手段として観た場合、「死者の甦り」や「人形に生命を与えること」を、リアリズムの枠内で解決する方法の一種であると認めることが可能である。

大学院に入りたてのころ、私が書いた文章の冒頭部分です。欲ばってあれこれ説明しようとして、ひどくわかりにくいものになっています。

「どれが主語でどれが述語なのか」

「修飾語と被修飾語の関係がどうなっているか」

そうした点が、一読したぐらいではまったく頭に入ってきません。

右に引用した箇所を、現在の私ならこう書きます。


「神話」や「伝承」に由来する着想を、いかにして「現実に起きそうなこと」として作品化するか。『源氏物語』が生み出された時代の物語文学は、そういう課題を抱えていた。

『源氏物語』正編には、容貌のよく似た三人の主要女性人物が登場する。桐壺更衣、藤壺中宮、そして紫の上。これら三者のかかわりは、「紫のゆかり」と呼ばれ、これまでにもさまざまに論じられてきた。

「ジャンルが直面する難局」を突破する方法。本稿では「紫のゆかり」に対し、こうした角度から考察をくわえてみたい。

POST CARD

恐れいりますが
切手をお貼り
ください

113-0033

東京都文京区本郷
2-5-12
新泉社

読者カード係 行

ふりがな お名前		年齢	歳
		性別	女 ・ 男
		職業	
ご住所	〒 都道府県 区市郡		
お電話番号	－ －		

◉アンケートにご協力ください

・ご購入書籍名

・本書を何でお知りになりましたか

□ 書　店　□ 知人からの紹介　□ その他（　　　　　　）

□ 広告・書評（新聞・雑誌名：　　　　　　）

・本書のご購入先　□ 書　店　□ インターネット　□ その他

（書店名等：　　　　　　）

・本書の感想をお聞かせください

＊ご協力ありがとうございました。このカードの情報は出版企画の参考資料、また小社からの新刊案内等の目的以外には一切使用いたしません。

◉ご注文書（小社より直送する場合は送料 1 回 290 円がかかります）

書　名	冊　数

死者が甦る、人形が命を得て動きだす——その種の「現実には起こらない話柄」を、リアリズムに落としこむ「方便」として、「紫のゆかり」を見ていくわけだ。

センテンスを短くしたことで、「読みすすめるうえでの抵抗感」が減ったと思うのですが、いかがでしょうか。

「一文の長さを制限するメリット」は、それだけにとどまりません。一つの文のなかにさまざまな要素を詰めこむと、それぞれがどのように関連しているかが曖昧になります。いくつかの短い文にそれを分割すれば、どういう順番でそれらを並べるか、改めて考えなおす必要が生まれる。そのことが、そこで述べようとした内容の論理構造を、より明確に示す結果につながるのです。

私の文章の場合も、「修正後バージョン」のほうが、何がいいたいかハッキリ伝わるのではないでしょうか。

「『紫のゆかり』が、『神話』や『伝承』をリアリズムに落としこむ方法であったことをここで検証する」

冒頭でそれを告知するという意図が、「修正前バージョン」ではぼやけているはずです。

一文を短くするだけで文章の完成度がアップ

長すぎるセンテンスを短く分割すると、めざましい改善がもたらされる。その典型のような事例に、最近、私は出会いました。

次に掲げるのは、「これまでもっとも印象にのこったアニメ以外の映画」について、学生に書いてもらった文章です。

僕はふだん見るのはアニメばかりで、テレビでもそうなのだが、いちばん最後に映画館に行ったのは、親がどうしても見たいと言ったので見に行った『007　スペクター』だった気がします。この映画は、ボンドがアクションで活躍するシーンがたくさんあり、アクション映画好きにとっては見どころだらけで、メカやクルマも最新で映像もいろいろ凝っていて楽しめたが、親はショーン・コネリーのボンドが好きで、昔の007のDV

Dもたくさん持っていて、ダニエル・クレイグは好みでないと言っていました。僕はダニエル・グレイグも体を張ってアクションをやっていて十分カッコイイと思ったが、親にいわせると「ダニエル・クレイグは悪党ヅラをしている」ということになるらしく、気にくわないと言っていて、親子で意見があわなかったのと、オバサンのボンドガールが出てきて、どうしてあんなオバサンとボンドが仲よくなったのか不思議でした。そういうこともあって、『007　スペクター』は印象に残っています。

この文章は、いくつかの点で修正を必要としています。

まず、「だ・である」調と「です・ます」調が、一つのセンテンスのなかで混在している箇所が多数。それから、「意見があわなかったのと」の「と」は、何かと何かを並立させる助詞のはずです。なのに、「と」の前の「意見があわなかった」に呼応する部分がありません。

私は、これらの問題点を学生に伝えたあと、こうアドバイスしました。

「ワンセンテンスをせめて八十字、できれば六十字以内に収めるようにしてごらん。それから、何回か改行して、形式段落をもうけること」

翌週の授業に、この学生は「改訂版」を携えてあらわれました。

僕はふだん見るのは、映画館でもテレビでもアニメばかりです。いちばん最後に映画館に行ったのは、親がどうしても見たいと言ったので見に行った『007　スペクター』だった気がします。

この映画は、ボンドがアクションで活躍するシーンがたくさんあり、見どころだらけです。メカやクルマも最新で映像もいろいろ凝っていて、アクション映画好きの僕としては楽しめました。

でも、親はショーン・コネリーのボンドが好きで、昔の007のDVDもたくさん持っています。そういう親から見ると、ダニエル・クレイグのボンドは好みでないようでした。僕としては、ダニエル・グレイグも体を張ってアクションをやっていて十分カッコイイと感じます。しかし親にいわせると、ダニエル・クレイグは「悪党ヅラをしている」ということで、気にくわないようでした。

それから、オバサンのボンドガールが出てきて、どうしてあんなオバサンとボンドが仲よくなるのかが不思議でした。そういう納得出来なかった点があったのと、親と意見があわなかったこともあわせて、『007　スペクター』は印象に残っています。

全体が整っていて、「改訂前」とは比較にならない出来映えです。センテンスを短く切れば、そのなかで「だ・である調」と「です・ます調」が混じることは自然と避けられる。また、書き手というのは、新しく文をはじめるごとに前後のつながりを意識するもの。ということは、「呼応させるべき表現」を見落とすリスクも、文を短く区切るにしたがって低下するのです。

一文の長さを切りつめると、それ以外のことは意識しなくても、一気に文章の完成度があがる——こんな「魔法」を、実践しない手はないと思います。

「最後の一行」は「大切」だが「いちばん重要」ではない？

最後の一言にこだわる危険

終わり方のカッコいい文章は、見ていて痛快です。いってみれば、「決め球できれいに狙ったとおりに奪った三振」や「サッカーのスーパーゴール」みたいなもの。

私自身、「みごとな一文」で全体を締めくくられるとグッと来てしまいます。

「Bだな」

そう思いながら読みすすめていたレポートの、最後の最後に「必殺フレーズ」に遭遇。思わずSやAをつけてしまった経験は一度や二度ではありません。

それでも。

「最後の一句」をキメルことにこだわりすぎるのは、文章を書くうえで危険です。

ピッチングでも、「決め球だのみ」で通用するのは、「魔球」を投げられるひと握りの投手のみ（最盛期の藤川球児とか）。それもほとんどが、短いイニングを担当するクローザーです。サッカーにしても、「ファンタジスタ」一人の力では、レベルの高い大会を勝ちぬけません。投手なら、配球パターンを考える。サッカーであれば、フォーメーションを練りあげる。そういった「全体の組み立てを視野に入れた工夫」が、成果を出しつづけるためには必須です。

文章についても、同じことが言えます。「必殺の一行」を追いもとめるばかりでは、「読者の心をうごかす著述」は残せない。なまじ、「気の利いた落としどころ」を思いついたことが、「躓《つまず》きの石」になる場合もありえます。話を無理に「想定していたゴール」へ引きずりこもうとすると、構成にほころびが生じるからです。

先日、『言の葉の庭』という映画を、授業で学生に観てもらいました。『君の名は。』のヒットで「時の人」となった新海誠《しんかい》が、二〇一三年に手がけた作品です。

生徒からのいじめに遭い、職場に行けなくなっている高校教師のユキノ。「自分が通っている学校の先生」とは知らないで、ユキノに惹かれていくタカオ。二人の交流が、雨の新宿御苑をおもな舞台として描かれています。

映画が終わったあと、受講者に感想文を書いてもらいました。次に掲げるのは、そのなかの一つです。

私は、ユキノ先生を「淫乱ババア」呼ばわりした女子生徒に少し共感してしまった。ユキノ先生は、いくら自分が追いつめられているとはいえ、自分が教えている学校の生徒で、十二歳年下のタカオに癒されて、少しもヤバいと思っていないところがヤバい。そういう匂いを若めの女の先生から感じると、中高生の女子は確実に反発する。

ユキノ先生を罪のない被害者みたいに描くストーリーには納得できないが、映像の綺麗さには感動した。とくに新宿御苑の風景は、いまどきのアニメはここまでやるのか！　という細密描写だったと思う。

「美しい『花』がある、『花』の美しさという様なものはない」

そう、小林秀雄は言った。

人は何かに魅了されても、どうしてそうなったのかを説明することはできない。新海監督はおそらくこの映画で、次のように主張したかったのではないか。

「美しい『恋』がある。『恋』の美しさという様なものはない」


これを書いた学生は、「二週間ほど前に、ゼミで小林秀雄について発表させられた」と言っていました。その準備をすすめる過程で「美しい『花』がある」の一節と出会い、とても印象に残ったのだとか。

「人間は、恋愛の圧倒的な力にはさからえない。損得や善悪の判断を超えて、人は恋に落ちる」

この学生はおそらく「最後の一句」に、そういう意味を託したのでしょう。だとすると、その前の部分で指摘されていることがらと、「結論」のつながりがあいまいです。

疑問の残る「ユキノ先生のキャラクター造型」と、有無を言わせない映像美。この「物語と絵の格差」が何を意味するか、学生の感想文は説明していません。

翌週の授業で、感想文を返却するついでに、私はこの学生にたずねました。

「『ユキノ先生がヤバいこと』と小林秀雄がどうつながるか、いまいちわからなかったんだけど？」

学生は、一瞬、不意を突かれたような表情をうかべてから、こう応えました。

「そこのところは、〈萌《も》え〉でつながってると思うんです。〈萌え〉って、『言葉では説明できないけど、グッと心にせまってくる』って意味じゃないですか。

タカオくんはユキノ先生に〈萌え〉てるし、新海さんはその〈萌え〉をお客に共有してほしいと願ってる。ユキノ先生の表情やら新宿御苑の風景やらは、やたらこまかく描かれます。お客をユキノ先生に〈萌え〉させようって魂胆がバレバレです。

ユキノ先生がたとえヤバい人でも、ユキノ先生に〈萌え〉てる人たちは、そんなの気にしません。ようするに、〈萌え〉てもらうことができれば、たいがいの罪はないことになる。

小林秀雄はぶっちゃけ、『〈萌え〉をリクツで説明するのはムリ』っていいたかったんじゃないでしょうか。あの映画で、新海さんが伝えようとしたのもそれではないかと。そして、リクツを超えた〈萌え〉による〈ゆるし〉があるって、新海さんはアピりたかったと思うんです」

学生は、『言の葉の庭』を観て、

「この映画と小林秀雄をむすびつけたら！」

というアイデアがひらめいた。その着想に心を奪われすぎ、『言の葉の庭』と小林秀雄をつなぐ部分の説明が、何段階か飛んでしまった。どうやらそれが、この感想文がわかりにくくなった原因のようです。

「あなたの考えてることは、とてもおもしろい。この感想文、このままじゃもったいないから、いま説明してくれた内容をつけたして、来週までに書きなおしてくれない？　ただし、小林秀雄は登場させないこと。書きなおしてよくなってたら、期末にレポート出さなくてもSあげることにするから」

さらにその1週間後、学生は「書きなおし版」の感想文を持ってきました。

私は、ユキノ先生を「淫乱ババア」呼ばわりした女子生徒に少し共感してしまった。ユキノ先生は、いくら自分が追いつめられているとはいえ、自分が教えている学校の生徒で、十二歳年下のタカオに癒されて、少しもヤバいと思っていないところがヤバい。そういう匂いを若めの女の先生から感じると、中高生の女子は確実に反発する。

ユキノ先生を罪のない被害者みたいに描くストーリーには納得できないが、映像の綺麗さには感動した。とくに新宿御苑の風景は、いまどきのアニメはここまでやるのか！　という細密描写だったと思う。

新海監督は、リクツで考えたら「ヤバい人」であるユキノ先生を、美しい光景に立たせることで魅惑的に見せたかったんだと思う。「ヤバい人」が「ヤバい人」のまま、タカオに愛され、お客に受けいれられるのを見たかったんだと思う。

だから、「納得できないストーリー」と「緻密な映像」は、たぶん意図的に組み合わせられたのだ。

大胆に想像をめぐらせると、ユキノ先生の「ヤバさ」に、新海さんは自分の欠損を重ねている気がする。「ヤバい人」であるユキノ先生が、タカオとお客に萌えられ、求められるのを見て、監督自身も救われた感覚を体験したい。そういう隠れた願望を、私はこの映画のあちこちから感じる。

「必殺技」を封印した結果、「書きなおし版」の感想文がわかりやすくなったのはあきらかです。

私はそのことを当人にむかってほめ、「約束だから、期末レポートを出さなくてもSをあげるよ」といいました。

ところが、ほめられて気をよくしたのか、この学生は人一倍、気あいの入ったレポートを期末に提出したのです。そのレポートでは、「ユキノ先生は、なぜ『君の名は。』に再登場したか」が詳しく論じられていました。

「数値」と「実例」は多くを語る

「みんな」と「すごく」は「子どもの病」か？

私「ねぇ、仮面ライダーの変身ベルトぼくにも買ってよ。みんな持ってるんだ」
母「みんなって、だれとだれよ」
私「うーんと、シゲハルちゃんと、タカハシトンちゃんと」
母「それって、あなたのお友だちで、持ってるの二人だけってことじゃない」
私「……」

幼い私はよく、こんな風にして母にやりこめられました。「みんな」が具体的に何を指しているか。そこを問いただされ、言葉につまってしまう——多くの人が、子ども時代に似たような経験をしていると思います。

それから、「みんな」と同様、「すごく」も私にとって「躓きの石」でした。

私「来月二日の日曜日に、巨人対ヤクルトの試合、観に行くから」

父「その週はおまえ、水曜日から期末試験だろう？　日曜日に遊びに行くなんてとんでもない」

私「でも、コンノ先生にすすめられたコンクールに出す作文、その試合を観たときのことを書く予定なんで、行かないとすごく困るのさ」

父「困るって、どれぐらい困るんだ？　期末試験でビリになるより、作文コンクール出さないほうが困るんか？　コンクールは、全員が出さなきゃならないわけじゃないんだろう？」

私「それは、そうだけど」
父「春休みに京都に行った話でも書きゃいいじゃないか？」
私「……」

しかし。

〈すごく〉をうかつに使ったゆえの失敗」――これも私にかぎらず、幼少期にしばしばやらかすシクジリといえます。

「みんな」と「すごく」で間違えるのは、果たして子どもだけでしょうか？
「大阪人ならみんな、芸人にいちばん必要なのは○○だと知っている」
「××大臣の答弁は、すごく不快に感じられた」
こういう言いまわしを安易にもちいて、信頼性を損ねるケースは、プロの書き手にもめずらしくありません。

「実感」の真実味を支えるのは「数値化」

子どもだった私も、うそを言うつもりで「みんな」や「すごく」を使っていたわけではありません。

幼稚園児だったころ、仮面ライダーの変身ベルトを持ってないのは、クラスでじぶんだけのような気がしていた。

中学時代には、巨人対ヤクルトを観に行くことが期末試験より大事だと信じていた。

そういう「実感」が現状に即しているかどうか——「子どもの私」には、そこが見えていなかったのです。

「みんな」や「すごく」を繰り出せば、「実感」が事実かどうか検証をしなくても、話を先にすすめられます。この二つは、ある意味「便利な言葉」なのです。それだけに「プロ」の書き手でさえ、ついつい「みんな」や「すごく」に頼ってしまう。

逆にいうと、「みんな」や「すごく」を使わないように心がければ、発言の説得力は増します。そういう言葉を持ち出したくなったら、程度がどれぐらいなのかを具体的に述べるようにすればいい。

「そんな風であるのは、どれぐらいの数の（あるいは、どういう風な）人間か」

「具体的にそれは、どこまで〈強烈〉なのか」

そこを「見える化（数値化）」すれば、「実感」はおのずと現実に照合されます。

「見える化」の要は、「例」と「数値」

先日、「最近、印象に残ったニュース」というタイトルのエッセイを学生たちに書いてもらいました。次に掲げるのは、そのなかの一つです。

最近、もっとも印象に残ったニュースは、将棋の羽生善治が、永世七冠の称号を獲得したことである。

私は将棋が好きで、中学の頃から、部活は将棋系に入っている。奨励会に在籍していて、プロに成り損ねた人と対戦したこともあるが、その人には、みんな勝てなかった。ものすごく強かった。

プロの棋士は全員、その人より強いわけである。そんな強者の揃うなかで、一回でもタイトルを獲れれば大変なものだ。ところが羽生は、「永世」の資格が定められている七つのタイトル全部で、「永世」の称号を得た。

それぞれのタイトルによって規定にちがいはあるが、五回から十回獲得しないと、「永世」の資格は与えられない。それを考えると、羽生のすごさがわかる。こんな天才棋士は、二度と現れないかもしれない。

これはこれで、まずい文章ではありません。羽生が強い棋士であることは、たしかに伝わってきます。けれども、羽生が「二度と現れない」レベルの天才であることは、このエッセイを読んだだけでは実感しづらい。

私は、これを書いた学生と話しあいました。

「奨励会にいたことのある人って、どれぐらい強かったの?」

「それはまあ、ものすごく」

「みんな勝てなかったって、あなたは書いているけど、たとえばどんなヤツが負かされたわけ?」

「同じ高校の将棋部に、ぼくがぜったい勝てないヤツがいたんですよ。ぼくの勝てないそいつを、その奨励会にいた人、飛車角落ちで負かしちゃったんです。もちろんぼくも、飛車角落ちで対局して秒殺でした」

「それを書いたほうが、奨励会にいた人がどれぐらいすごいか伝わるね」

「そうですね」

「あと、将棋のタイトル獲ったり、永世七冠になったりするのがどれぐらいたいへんか、具体的に数字とかで示せない？　それやったほうが、羽生さんの強さがはっきりすると思う」

「それ、やってみます」

翌週、学生は、エッセイの「改訂版」を携えて授業に現れました。


最近、もっとも印象にのこったニュースは、将棋の羽生善治が、永世七冠の称号を獲得したことである。

私は将棋が好きで、中学の頃から、部活は将棋系に入っている。奨励会に在籍していて、プロに成り損ねた人と対戦したこともあるが、その人はものすごく強かった。

その人がどれほど強かったか。高校の将棋部の仲間で、私が絶対に勝てなかったTを、その人は飛車角落ちで負かしてしまった。私もその人と飛車角落ちで対局したが、何度やっても秒殺された。

プロの棋士は全員、その人より強いわけである。そんな強者の揃うなかで、一回でもタイトルを獲れれば大変なものといえる。タイトルは、今年から新たに叡王戦が設けられたが、これまでは七つ。将棋のプロ棋士は現在、百六十二名いる。七冠を一つずつ分けあったとしても、タイトル保持者になれるのは二十人に一人もいない。

ところが羽生は、「永世」の資格が定められている七つのタイトル全部で、「永世」の称号を得た。

それぞれのタイトルによって規定にちがいはあるが、五回から十回獲得しないと、「永世」の資格は与えられない。それを考えると、羽生のすごさがわかる。

羽生がはじめてタイトルを獲ってから、今に至るまでタイトル保持者はのべで二百八名。そのうちの九十九人が「羽生善治」なのだ。現役の棋士で、タイトル獲得回数で羽生に次ぐのは、谷川浩司の二十一回。それに続くのが渡辺明の十九回である。二位の谷川と三位の渡辺を足しても、羽生の獲得回数の半分にもならない。

こんな天才棋士は、二度と現れないかもしれない。

これなら、将棋に詳しくない読者も、羽生の天才ぶりが「二度と現れないレベル」であると納得できます。

私は学生に、

「奨励会にいた人の強さを物語る実例」

「プロ棋士がタイトルを獲る困難さと、そうしたなかで永世七冠を達成した羽生の偉大さを示す数値」

をつけくわえるようにアドバイスしました。

「実例」と「数値」。この二つをあげるようにすれば、てきめんに「見える化」が進み、文章の説得力は増します。

ただし。

「実例」も「数値」も、「読む人に理解してもらうための手段」という意識を忘れないことが肝要です。

「こんなに実例が／数値が、正しさを証しているのだから、私の前にひざまずけ！」

そういう姿勢が表に出すぎると、かえって読者の反発を買います。

文章は、「マウンティング」ではなく、「他人にわかってもらうこと」を目ざして書く。

それが「文章作成術」の原点であることを、忘れないようにしたいものです。

「意外性」は「脱・人並み」への最短距離

「なぞかけ」が教える「意外性」の魅力

幼稚園に通っていたころから、私は『笑点』の大喜利のファンです。なかでも、「〇〇とかけて、××と解く。そのココロは～」とやる「なぞかけ」が好きでたまりません。いっけん、何の関係もない「〇〇」と「××」のあいだに共通性を見つける。「なぞかけ」の醍醐味はそこにあります。

「食塩とかけて、うさぎと解く。そのココロは、どちらも白い」

カタチはそれらしくなっていても、これでは「なぞかけ」とは言えません。「〇〇」と「××」のつながりに、何の驚きもないからです。

「思いやりシートとかけて、フィギュアスケートと解く。そのココロは、『ゆずる』がいちばん」

私がいま、即席で考えました。「思いやりシートと羽生結弦選手」のほうが、「食塩とうさぎ」より隔たりは大きい。そのぶん、「なぞかけ」っぽくなっていると思うのですが……(羽生くんは「ゆづる」だよ、というつっこみには、ごめんなさいと素直にあやまります)。

かけ離れて見えるものが接続されると、そこに「意外性」が発生する。「なぞかけ」がひろく好まれるのは、「意外性」に人を動かす力があるからです。

俵万智の短歌のすごさ

「意外性」がおもしろさの源泉になる。これは、「なぞかけ」にかぎった話ではありません。

次に掲げるのは、俵万智のデビュー作『サラダ記念日』のなかの一首です。

寄せ返す波のしぐさの優しさにいつ言われてもいいさようなら

「ベストセラーになった歌集」は、歴史をつうじて、与謝野晶子の『みだれ髪』と『サラダ記念日』しかありません。

「等身大の若者の姿が、口語を駆使した素直な表現で詠まれている。だから多くの人に親しまれた」

『サラダ記念日』は刊行当時、そのように評されていました。しかし、今になって検討しなおすと、高度な手法が凝らされた歌が目立ちます。右にかかげたのも、そんな「技あり！」の一首です。

「寄せ返す波のしぐさの優しさに」という上の句には、静かなロマンティシズムが漂っている。たいていの読者は、この雰囲気が後半に持ちこされると予想します。そして、「スウィートな恋愛の情景を詠んだフレーズ」がつづくと考えるでしょう（たとえば、「いますぐ撫でて欲しい黒髪」みたいな）。

「いつ言われてもいいさようなら」という下の句は、こうした期待を完全に裏切ります。

「波の無償のやさしさに癒されたから、恋人と別れても大丈夫という自信がついた。別に今すぐ別れたいわけではないけれど……」

最後まで読むと、そんな「ドキリとするような思い」が託された歌であることがわかる。

上の句がもたらす「穏やかさ」を、下の句がひっくり返しているわけです。

上の句がたとえば、「喧嘩して張られた頬がまだ疼く」だったとしたら――「いつ言われてもいいさようなら」という下の句は、あたり前すぎて何のインパクトもありません。

わずか三十一文字のなかで展開される「抒情の逆転劇」。俵万智のこの歌の、最大の魅力はそこにあります。巧妙に仕掛けられた「意外性」には、短歌を輝かせる力もあるのです。

「最善の策」を禁じてみる

「『意外性』が人の心をゆさぶることはわかった。だからといって、俵万智みたいな『高等テクニック』は、じぶんにはつかいこなせない」

そういう不満を抱く読者もいらっしゃるでしょう。たしかに、文章のなかに「意外性」を組みこむのは、容易な業ではありません。

私の父は、今年で九十四歳。陸軍士官学校の最後の卒業生です。士官学校には、作戦立案の授業もあり、その最初の日にこんなことを教えられたといっていました。

「いちばんいいと思う作戦はぜったいに採用するな。かならず敵もその作戦を予測して、対策を立てているから」

作戦も、「意外性」があるほうがいいに決まっている。それを確保するために、「最善の策」をあえて避けることを、士官学校では推奨していたのでした。

このやり方は、文章を書くときも参考になりそうです。

たとえば。

授業中に、「学習塾で国語講師のアルバイトに応募するときの自己ＰＲ文」を書いてもらったことがあります。

そのときあがってきた答案は、似たようなものばかりでした。

私は、小学生のころから本を読むのが好きで、年間の読書数は六年間、いつもクラスでトップでした。このため、国語の勉強を苦に思ったことはありません。作文も得意としていて、中学校のときは、県の読書感想文コンクールで入賞しました。

また、子どもが大好きで、弟や近所の年下の子のめんどうをよく見るので、近所の大人や親せきのおじさん、おばさんからいつも感心されていました。

以上の理由から、貴塾に採用していただけたら、文章を読む楽しさや、作文を書くおもしろさを、生徒に伝えることができると思います。また、子ども好きであることから、どんな生徒さんに対しても、誠心誠意接することができる自信があります。


ある学生が書いた自己PR文です。この学生にかぎらず、
①じぶんは国語が得意（もしくは好き）
②じぶんは子どもが好き
だいたいこの二点が、「自己アピール」の軸になっていました。

いかに国語の先生に適しているか――それを相手につたえる文章なのですから、そうなるのは当然といえばいえます。ただし、ほかの応募者とそっくり同じことを書いていては、「自己アピール」になりません。

私は、この学生につぎのようにアドバイスしました。

「あなたは、小学校のとき、どの科目がいちばん苦手だった？」

「えーと、体育ですけど」

「なんで体育きらいだったの？」

「かけっこが、ほぼほぼ六年間ずっと、クラスでいちばん遅かったから」

「どうしてずっと遅いままだったの？　先生、速くなる方法、教えてくれなかった？」

「短距離走なんて、ただ走ってタイムをはかるだけで、走り方なんかいちども教えてもらえませんでした……」

「なら、そのことを書けば？　かけっこ遅くていやだったのに、速く走れる方法を教えてもらえなくて残念だった。だから誰よりも、『できるようになる方法』を教えるのにこだわりがある、って」

学生はすぐに、「改訂版」を書きあげました。


小学校時代、私は体育がきらいでした。ほぼ六年間、かけっこがクラスでいちばん遅かったからです。

速くなれる方法があるのなら、その方法を学んで速くなりたかったのに、小学校の先生は、一度もそれを教えてくれませんでした。

かけっこが速くなれなかった悔しさは、大学生になった今も引きずっています。

私の教える生徒には、私と同じ思いをさせたくありません。このため、私が貴塾で教える機会を持てたなら、『どのような工夫をすれば、国語の成績をあげられるか』を、具体的にわかりやすく伝えていくことにこだわります。


国語の先生に応募してきたのに、「体育がきらい」という話から、自己PR文がはじまる。ここにはたしかに「意外性」があります。「国語が得意で子どもが好き」と書くよりも、ずっとつよい印象を、採用担当者の心にのこすでしょう。

だれもが思いつく「最善の策」をあえて避ける。そして、長所を書くときには短所からはじめる、という具合に、「逆転の発想」を試してみる。

もちろん、こうしたやり方がつねに有効とはかぎりません。

「これまでに見たなかで、いちばん印象に残った映画」

というテーマをあたえられたら、「最善の策」を避けることは不可能です。

それでも。

「最善の策」をわざと避けると、思いのほか簡単に、「人並み」を超える文章を書ける場合がある。このことを心の片隅にとどめておいて、損はないはずです。

「悪口」がきらりと光るとき

「悪口」を、むやみに言わないほうがいいのはたしかだけれど……

「他人の悪口は言わない、書かない」

文章指南書にも、自己啓発本にも、たいていそんな風に書かれています。実際、大部分の「悪口」は、語っている当人の嫉妬やコンプレックスに根ざしている。

私自身の「イタイ思い出」を書きます。

吉本ばななは、デビュー作の『キッチン』がベストセラーとなり、有名作家の仲間入りをしました。一九八八年のことです。ばななはまだ、二十三歳の若さでした。

そのころ私は二十歳で、くすぶりきった日々をすごしていました。じぶんと年齢が幾らもちがわないばななが、すでに物書きとして大ブレイクしている。しかも彼女は、吉本隆明という高名な詩人兼批評家を父にもち、創作するうえで圧倒的にめぐまれた境遇でそだっている。

おこがましくも私は、ばななに猛烈に嫉妬したのです。

私は『キッチン』の愛読者カードに、こんなメッセージを書いて送りました。

「たしかにおもしろく読めました。でも、『台所』で『家庭』を象徴させるなんて陳腐です。『一家の大黒柱』が、ただの『おとうさん』では古いから『おかまのおとうさん』を出す。これもミエミエ過ぎですね。『ありきたり』に怯まない厚顔無恥が、成功の秘訣でしょうか」

ほんとうに独創的なアイデアは、提示された瞬間には人を啞然とさせ、じっくり検討したあとでは「当たりまえ」に映る。前人未踏でありながら、もっとも合理的なルートをたどった思考の産物だからです。

『キッチン』の設定には、「ほんものの独創」がありました。にもかかわらず私は、それを素直に認められなかった。

私が『キッチン』の感想カードに書いた言辞には、毒を吐いた当人の「鬱屈」だけがにじみ出ています。こういう「悪口」は百パーセント、言うべきではありません。

あるイタリアン・レストランについての会話――「裸の王様」に遭遇したとき

けれども、「悪口」を書くことが、他人の「救い」になる場合もあります。

先日、十五年ほど前に予備校で教えていた元・生徒と、ひさしぶりに会って話をしました。

「先生って、味覚に自信はあるほう？」

「うーん、料理するのは好きだけど、かなり嗜好はかたよってると思うなあ……正直、万人うけするものをつくる自信はない」

「わたしはさ、いまは金融とかで働いてるけど、将来はじぶんでベーカリーやりたいわけ。だから、味覚に問題あったら、夢がジ・エンドになるわけじゃない？」

「そうだね。私なんかがパンをつくっても、たぶんまったく売れないし」

「それでね、このあいだ友だちといっしょに、西麻布のイタリアンに入ったの。その店すっごく高くて、けっこう有名な店で、友だちはグルメ自慢のタイプだったから、超厳選してそこにアポ入れたらしいの」

「じゃあ、さぞかしおいしかったでしょう？」

「それがさあ、なんかどの皿も『高級レトルト』って感じで。たとえばトリュフのスパゲッティはトリュフの味がむんむんするんだけど、それだけなのよ。ひと口食べると、わかりやすく肩書どおりの味がして、それ以上の余韻とかはぜんぜん伝わってこなくて……」

「私がその店入っても、たぶんおいしいかどうか判定できないなあ……イタリアンなんて、サイゼリヤみたいなとこしか行かないし」

「わたしもね、じぶんの理解を超えた味、というのはわかるつもりなのよ。でも、その店の料理はそういう感じじゃなくて、ほんとに、〈いかにも〉過ぎてニセモノくさいの。なのに、家に帰ってからネットで調べてもわりと評判よくて、じぶんの味覚がおかしいんじゃないかって落ちこんじゃった」

「ふーん。私は味覚が鈍いことが判明したぐらいじゃ傷つかないけど。やっぱり、食のプロになりたい人は意識がちがうんだね」

「もうそのあと、何のためにいっぱい残業してお金貯めてきたんだろうって、会社辞めたくなっちゃって。

　でね、わたしがすごく尊敬してるパティシエの人がいるの。その人が、わたしが食べにいった二週間ぐらいあとに、ブログにその店のこと書いてたわけ。

〈『高級コンビニめし』のような味、一年にいっぺんしか行けない値段で食べさせる料理じゃない〉って、もうボロクソ。わたしは間違ってなかったんだって、速攻で自信、回復しちゃった」

権威があったり、有名だったりするのに、それに見あう実質がない。そういう対象に出会ったとき、事実を公に指摘すると、「悪口」ととられることもあります。

けれども、口をとざしたままでいたら、他の「実質のなさに気づいた人びと」が「おかしいのはじぶん」と感じるかもしれない――こういう場合は、「悪口」と見なされることをおそれずに、「正論」を語ってよいのです。

裸の王様を見かけたら、裸と言えばいい。それが原則だと私は思います。

「悪口」は、対象の個性をきわだたせる

もう一つ、「悪口」には効能があります。

ホメ言葉というのは、「一般的によいとされているもの」の寄せあつめです。それをつみかさねて、対象の個性や本質を浮かびあがらせるのはむずかしい。

「眼光するどく、知性を感じさせる風貌は、いかにも〈才気溢れる人〉という印象を見る者に与えた」

芥川龍之介のルックスを肯定的に記すなら、こんな感じになるでしょうか。ただし、この言いまわしは、北野武やイチローにも当てはまります。

対するに「上手な悪口」は、生き生きと「言われているそのひと」をイメージさせる。次にかかげるのは、中野重治《しげはる》が書いた芥川龍之介追悼文の一節です。

この人は湯になどはいらぬのか、じつにきたない手をしていた。顔なども洗わなかったのかもしれない。その手が、顔同様、もともとは美しい手なのだったから、よごれ加減がいっそう目立って私には不思議だった。わりに大きな手で、頑丈なつくりではなかったが、指の節が長く、指の皮膚も甲の皮膚も皺がよっていて、大小のその皺に黒くなって垢がたまっていた。色の白い人だから、手の皮膚もすっかり白くて、だから指の背も甲も一面にうすずみ色に見えていて、皺のところは言葉どおりに黒い筋になっていた。

追悼文にはふつう、故人の欠陥は記しません。こんなにはっきり、相手の「ダメなところ」を述べてしまうのは「反則」です。

しかし。

溢れるばかりに、非凡な資質をそなえている。にもかかわらず、暮しに必要な「当たりまえの何か」を欠いている。

そういう死者のありようを、中野による「暴露話」は読者に実感させます。

芥川にとって、「生きつづけること」がどれほど高いハードルだったか――大部な研究書より雄弁に、中野の短い「悪口」は、「芥川が自殺した必然」を語っているのです。

「知らない相手の悪口」は書いてはいけない

逆に言うと、対象の核心にせまるつもりがないのに、「悪口」をいうのはご法度《はっと》である。私はつねづねそう感じています。

よく知っているわけでも、興味があるわけでもない物ごとについて、否定の言葉を投げかける。そこから生まれるのは、だれかを傷つけたり、苛立たせたりという不毛な結果だけです。

「虚名にあぐらをかく組織や人間の実態をあきらかにしたい」

「ある対象の特性を何としてでも伝えたい」

「悪口」が効果的にはたらくには、そうした「正義」や「つよい関心」の支えが必須です。

「地下アイドルのファンって、何となく気味が悪そう」

「デートでイケアに行くカップルって、貧乏くさそう」

こういう「イメージだけにもとづく反感」を言語化しても、他人が読むに値する文章にはなりません。

「地下アイドルのファンには好感をもてないだろうと予期していたが、ライブにいってみたらこうだった」

「イケアでデートするカップルは貧乏くさいだろうと思っていたが、観察してみたらこんな結果が出た」

「漠然とした反感」から出発するにしても、そこまで書かないと「よいエッセイ」にはならない。この点を、肝に銘じたいものです。

たくさん書いて、あとから削る

「奇妙な課題」をやってもらう理由

私はときどき、風がわりな授業をやります。作文を八百字で書いてもらい、翌週それを六百字にちぢめさせるのです。

「いかに、〈書かなくてもよいこと〉をじぶんが書いているか」

そこに気づいてもらうおうとねがって、こんなことを毎学期やっています。

一文字たりともよけいな言辞は記していない。文章が仕上がった当座はそうおもうのが人間のつねでしょう（ネタ不足で、行数かせぎに走ったケースは例外ですが）。書き手としては、頭に浮かぶフレーズすべてが、「思考のかけがえのない結晶」です。

ところが一週間もすると、じぶんの文章を「読み手目線」で検討する距離感が生まれます。

「ここの一文は、冒頭でいったことのたんなるくり返しではないか」

「こういう具体例は、省くほうが誤解されないだろう」

他人に何もいわれなくても、そういう発見ができる。「一週間後の書きなおし」の意義はそこにあります。

『犬夜叉』論二つ

さいきんまた、この「奇妙な課題」をやってもらいました。課題は、「いちばん印象にのこった漫画について論じなさい」。

そのときの「実例」を一つ紹介します。まずは八百字バージョン——

私がこれまで読んだなかで、いちばん印象に残っているマンガは、高橋留美子作の『犬夜叉』だと思う。

主人公の犬夜叉は、妖怪と人間の間に生まれた「半妖」で、戦国時代の日本に生きている。どんな願いもかなえる「四魂の玉」を守る巫女・桔梗と、犬夜叉は恋仲であった。

しかし、奈落という半妖に騙され、犬夜叉は桔梗から玉を奪おうとする。このため桔梗は犬夜叉を封印、桔梗自身もその直後に息絶える。桔梗の遺言により、桔梗の亡骸とともに玉は燃やされた。

かごめは、現代日本で巫女をしているが、実は桔梗の生まれかわり。彼女はふとしたきっかけで、桔梗の死後五十年後の日本にタイムスリップする。戦国時代にやってきたかごめの体内から「四魂の玉」が出現。犬夜叉の封印も解かれるが、ほどなく玉は事故のために砕け散る。犬夜叉とかごめは、現代と戦国時代を往復しつつ様々な妖怪と闘い、玉のカケラの回収を目ざす。

あらすじを見ればわかるとおり、『犬夜叉』は「高橋留美子版『ドラゴンボール』」だ。『犬夜叉』の連載は、『ドラゴンボール』が世に出てから始まっている。鳥山明のファンであることを高橋は公言しているし、『犬夜叉』に『ドラゴンボール』の影響があることは疑う余地がない。

そして、『ドラゴンボール』自体が、『西遊記』と『里見八犬伝』を下敷きにしている。過去の名作の積みかさねのうえに、『犬夜叉』は生み出された。

「よく知っている話なのにワクワクする」

名作フィクションを読むと、しばしばそういう感想を抱く。とりわけ『犬夜叉』に、私はこの印象を強く感じる。この作品を「一番心動かされた漫画」に挙げたい理由はそこにある。人間は「物語」の何に動かされるのか。『犬夜叉』を読むたびに私はその謎について考える。

『犬夜叉』の「解説文」としては、悪くありません。けれども、あらすじの部分がすこし長すぎる。

「フィクションを論じるときには、あらすじは最低限しか書かないように」

私は口ぐせのようにそういっています。

「紹介文」や「書評」ならば、この例文ぐらい「作品の概要」に触れても問題はないといえます。これに対し、「論じなさい」という課題で書いてほしいのは、あくまで当人の意見です。その場合にあらすじが過半を占めるのは、好ましくありません。

それでは、一週間後に書かれた六百字版はどうなったか。

これまで読んだ漫画で、いちばん印象的だったのは、高橋留美子作の『犬夜叉』だ。

妖怪の父と人間の母をもつ「半妖」の犬夜叉。彼の死んだ恋人の生まれかわりのかごめ。この二人が、戦国時代と現代を行き来しながら、粉々になった「四魂の玉」のカケラを集めていく。「四魂の玉」には、あらゆる願いをかなえる力がそなわっている。

一見してわかるとおり、『犬夜叉』は『ドラゴンボール』に似ている。『犬夜叉』の連載開始は『ドラゴンボール』が世に出た後。高橋は、鳥山明ファンを公言してもいる。二つの作品の近さは、おそらく偶然ではない。

私から見ると、かごめも犬夜叉も、とてもかっこいい。でも、

「実際にいそうな感じ」は二人ともまったくない。他の高橋留美子作品の主要人物とはそこがちがう。

過去の名作のつみかさねの上に『犬夜叉』は成り立っている。『犬夜叉』は『ドラゴンボール』を踏まえ、『ドラゴンボール』自体、『西遊記』や『八犬伝』を参照している。

犬夜叉やかごめの「かっこいいが実際にいそうにない感じ」は「伝統的物語のキャラ」であることと関連しているのではないか。

「実際にありそう」というリアリティとは別の、物語としての納得感。『犬夜叉』の魅力は、そういうところに根ざしている。

虚構作品には、それ独特のリアリティとオリジナリティがある。そのことに、私は『犬夜叉』を読むごとに思いをいたす。


あらすじを書いた部分が大幅に短縮され、「じぶんの意見」はさらに深く掘りさげられています。

あらすじを削ったことで、「作品紹介」ではなく、「論じる」意識が強くなった。結果、「私の『犬夜叉』観」をより厳密に見きわめる姿勢が生まれた。

そこに、六百字版が内容的にも変化した理由がある。私はそんな風に推測します。

じぶんで修正できない場合には……

つぎに掲げるのは、「私が将来、就きたい職業」という課題の八百字版です。

小学校のころから、ずっと野球が生活の中心だった。

中学には、リトルリーグの全国大会で準優勝。自分はエースピッチャーだったので、高校はスポーツ推薦で、甲子園に毎年のように出ている野球名門校に進学した。

高校でも辛い練習に耐えた。甲子園に出場するだけでなく、そこでも好成績を残し、大学やプロから注目されるのが目標だった。

ところが、これから高二になる春休みにある難病にかかった。

命は助かったが薬の副作用のせいで、股関節に人工関節を入れなければならなくなった。野球をやるのは、遊びでもやめるべきだと医師に言われ、私の野球選手としての生命は終わってしまった。

何とか指導者として野球にかかわる道はないかとも考えた。だが、ノックやキャッチボールさえ私はしない方がよいらしく、これでは監督やコーチになれない。

プロ球団のスカウトやスコアラーは、選手としてプロでプレーしたことがないと採用されない。球団の事務職員は、選手実績がなくても応募出来るが、仕事内容は普通のサラリーマンと変わらない。

私の野球経験が生かせる職業は何か。とことん迷って見つけた結論は、スポーツジャーナリストになることだった。

自分の昔のチームメートは、大学に入っても野球を続けている。その中からプロが出てくれれば、取材の人脈も広がるだろう。もちろん、野球経験者でなければわからない視点から、試合の分析をする自信もある。

まずは、地元の地方新聞社にでも入社して、スポーツ記者になり実績を積む。そして行く行くは、フリーランサーを目指したい。

野球をやれていた頃から、新聞や雑誌の記事を見てイラつくことがあった。野球をやったことのある人間なら言わないはずの嘘が書かれていたからだ。そういう嘘を、野球経験のある自分の力でなくせたらと考える。

りっぱな作文です。難病で野球がやれなくなった体験を乗り越えて、新しい目標を発見する。その過程が、ムダのない文章でつづられています。「ジャーナリストとして何をやりたいか」という見とおしも明快です。

あまりにムダがなさすぎて、六百字版の作成が難事業になることは想像できました。すでに贅肉のない文章を、どうやってさらに削っていくのか。

予測したとおり、翌週の授業にあらわれた「彼」は、顔を引きつらせています。

「どうしても、〈あと四行〉が減らせません……」

「よけいな副詞や形容詞を削るとか、字数のすくない似た意味のことばに単語を置きかえるとか、そういうことはやった？」

「やれるかぎりやったんです」

つづけて「彼」はくやしそうにいいました。

「字数や行数を規定にあわせられないようじゃ、新聞や雑誌に書かせてもらえないですよね……」

「そんなにじぶんを責めるなよ」

できるだけ優しく笑いながら私はいいました。

「私だって、キミの文章が削りにくいのはわかってる。その〈あと四行〉まで減らしたやつをもってきてごらん。どこを省けるか、来週まで考えておいてあげるから」

けれども、「あと四行まで減らしたバージョン」を読んで、どこを削るべきか私にもわかりませんでした。

この作文を書いた「彼」は、非常勤講師として教えている大学の学生です。本務校である女子大では、だれも「彼」のことを知りません。

私は「あと四行まで減らしたバージョン」をワープロで打って、女子大のゼミ生たちに読んでもらいました。

「この文章、あと八十字減らすとしたら、どこをいじったらいいだろう?」

すると、意外なほどすぐに反応がありました。

「これ、昔のチームメートがプロになったらその人脈を生かすっていうところ、いらないと思います」

そういったのは、ふだんは無口な、太宰治で卒論を書く予定の学生です。彼女はさらにつづけました。

「リトルリーグや高校の仲間がプロになったとしてもせいぜい数人じゃないかって。その程度では、あんまりジャーナリストとしてやっていくプラスにはならない気がします」

つぎに、星新一を研究テーマにしている学生が、ことばを継ぎました。

「そうですね。〈おれだってプロになれたかも〉っていうアピールを微妙に感じます」

最後に、源氏物語専攻の学生がまとめました。

「抑えていた悔しさがにじみ出ちゃったのかも。このひと、かわいそうなことはほんとうにかわいそうなのですが」

彼女たちの意見をふまえて、私は「彼」にこうアドバイスしました。

「昔のチームメートがプロになる話は書かなくてもいいかな。そこを抜かしても、スポーツジャーナリストに適性のあることはつたわってくるから」

最終的に、以下のような六百字版ができあがりました。

小学校の頃から、野球が生活の中心だった。
中学では、リトルリーグの全国大会で準優勝。自分は主戦投手だったので、高校はスポーツ推薦で野球名門校に進学した。
ところが、これから高二になる春休みにある難病にかかった。命は助かったが薬の副作用のせいで、股関節に人工関節を入れなければならなくなった。野球をやるのは、遊びでもやめるべきだと医師に言われ、野球選手としての生命は終わってしまった。
指導者として野球にかかわる道はないかとも考えた。だが、ノックやキャッチボールさえしない方がよいらしく、これでは監督やコーチになれない。

　プロ球団のスカウトやスコアラーは、選手としてプロでプレーしたことがないと採用されない。球団の事務職員なら私でも応募出来るが、業務内容は普通のサラリーマンだ。

　野球経験が生かせる職業は何か。とことん迷って見つけた結論は、スポーツジャーナリストになることだった。

　まずは、地元の地方新聞社にでも入社して、スポーツ記者になり実績を積む。そして行く行くは、フリーランサーを目指したい。

　野球をやれていた頃から、新聞や雑誌の記事を見てイラつくことがあった。野球をやったことのある人間なら言わないはずの嘘が書かれていたからだ。そういう嘘を、自分が正確な記事を書くことで通用させないようにさせる。そこを目標に努力していきたい。

「チームメートがプロになる話」を省くことで、たしかに流れが整理されました。「彼」を直接知っている私には、「こういう風に書きたくなる気持」がわかりすぎた。いっぽう女子大生たちは、「彼」に面識がないぶん、まよわず不要な部分を指摘できた。「書き手の事情にとらわれない第三者」でなければ、見えない問題もあるのです。そのことを、今回あらためて痛感しました。

さいしょは二、三割よけいに書く

八百字版を書いたあと六百字版に改稿すると、「気づかなかったムダ」が見えてくる。これは、ここで紹介した二つの例にかぎらない、一般原則だと思います。

制限字数が一千字なら千二、三百字、二千字だったら二千五百字。さいしょは二、三割よぶんに書いて、それから規定の量まで減らすと、密度の濃い文章ができあがります。たくさん書いてあとから削る――初心者から上級者にまで適用できる「必勝の法則」ではないでしょうか。たとえば村上春樹も、長編小説を書くときにはひととおり仕あげてから、大幅に減らすといっています。

［コラム］

数字も地名もやさしさの表れ――重里徹也

早い原稿七難隠す

友人の文芸評論家の名言に「早い原稿、七難隠す」というものがあります。これはライター稼業をするときの金言といってもいいでしょう。

いい原稿を書くことはもちろん、必要です。しかし、締め切りに遅れたら、いくらいい原稿でも喜ばれません。もちろん、あなたがベストセラー作家か文壇の大家だったら、別です。そうじゃないのなら、とにかく早い原稿を心がけるのがスムーズにいくコツです。

正直にいいましょう。締め切りに遅れる「いい原稿」より、締め切りを守る「大してよくない原稿」のほうが喜ばれることが多いように思います。もちろん、例外はあります。締め切りを過ぎて原稿をもらったときに、たまらない快感があるという編集者もいます。でも、そんなのは例外と考えるべきでしょう。
「締め切り」は、大学などの「課題作品（レポートを含む）の提出期限」と読み換えてもかまいません。締め切りが終わってから研究室などに課題を持ってくる学生がときどきいます。努力は尊いですが、期限通りに提出することにも力を注いでほしいものです。

ところで、編集者とやりとりをする場合、締め切りに間に合えばいい、というわけではないように思います。締め切りよりも早く送るのが、売れないライターの心得だと考えるのです。なかには締め切りを問い合わせたり、確認したりする人がいますが、私は感心しません。そういうのは嫌いです。するのもされるのもいやです。

一度いわれた締め切りは、問い合わせたりしない。そして早めに送稿する（提出する）。これが鉄則です。原稿をもらう（受けとる）立場になれば、「締め切りはいつだったでしょうか」というような書き手とは付き合いたくないでしょう。締め切りを守らない書き手とは、いうまでもありません。

短いセンテンスも七難隠す

もう一つ、文章を書くときの鉄則は「短いセンテンスは七難隠す」です。私は大学の授業でエッセイの書き方を教えるとき、「センテンスを短くして、改行を適切にすれば、日本の大学生の文章がうまい上位から三〇パーセントに入れる」と話しています。センテンスを五十字以下にすることは（二十字以下のセンテンスがあっても構いません）、それほどの効果があります。

長いセンテンスを書きたがる学生がいると「頭がいい証拠ですね」とおだてることにしています。長いセンテンスを書く人は、自分では文章をきちんとたどれるし、意味も把握できているのです。

しかし、それは他人には伝わらない。「あなたは頭がいいから、書いていて自分でよくわかっているけれど、その文章を読む人はついていけないよ。みんながみんな、あなたみたいに頭がよくないでしょう」。そんないい方をすると、ときに着実に効果を生んで、次から短いセンテンスで文章を書くように変わってくれることがあります。

「短いセンテンスは七難隠す」。これは文章作成術の鉄則だと思っています。

具体例はフェアの証

「具体的な細部は雄弁に語る」というのも文章作成術のことわざにあります。ディテールが具体例や数値で明快に書かれていると、なんていうか、フェアな文章になるのです。読む人に伝わりやすいのはいうまでもありません。それだけではなく、

「逃げも隠れもしませんよ。これがすべてです。あとは煮るなり、焼くなり、好きになさってください」と読者に呼びかけるような潔さが文章に表れるのです。数値も具体的なモノも、優しさを帯びているのです。

「私の彼はかなりの長身です」とか「彼は背が高くて」とか書いても、どれぐらい高いのか、よくわかりません。神秘めかして、いい気なものだと感じます。おまえの彼、一体、何センチなんだよ、はっきりいえよ、とツッコミを入れたくなります。ところが、「私の彼は身長一八二センチ」とか、「一六五センチの私より二〇センチ高い」と書かれていると具体的にイメージすることができます。彼の肖像がくっきりと浮かび上がってきます。

具体例や数値で描写するのは「品がない」とする考えもあるでしょう。「通俗的」「ありふれている」「夢がない」「慎みがない」「生々しい」といった「上品な」考え方もあるでしょう。でも、どうでしょうか。文章における真の上品さとは何か、が問われる必要があるのではないでしょうか。

もちろん、実例や数値を具体的に書けば、それでいつも謙虚な感じになるというものではありません。実例や数値は強い力を持っています。それによって相手を抑えつけることだってできるでしょう。

強さはいつも両義的です。地べたを見ながら実例を出すというか、下から下へ視点を下降させながら数値を書くというか。パワーのある具体例や数値は、読者よりも低いところから、読者に提供すべきものです。それが文章を書くときの礼儀です。

次に引用するのはきわめて具体的な描写が楽しめる小説、織田作之助『夫婦善哉《めおとぜんざい》』の冒頭です。

年中借金取が出はいりした。節季はむろんまるで毎日のことで、醤油屋、油屋、八百屋、鰯《いわし》屋、乾物屋、炭屋、米屋、家主その他、いずれも厳しい催促だった。路地の入口で牛蒡《ごぼう》、蓮根、芋、三ツ葉、蒟蒻《こんにゃく》、紅生姜《べにしょうが》、鯣《するめ》、鰯など一銭天婦羅を揚げて商っている種吉は借金取の姿が見えると、下向いてにわかに饂飩《うどん》粉をこねる真似した。

読むうちに次々に出てくる名詞の群れ。借金取に気を遣いながら、庶民の食べものであり、ささやかな喜びでもある一銭天婦羅を揚げている種吉という男が描写されています。まじめで勤勉で少し気弱な感じが、多様な借金取とおびただしい食材の列記から、生き生きと伝わってきます。火の車の家計、調理現場の活気、世界の片隅で淡々と天婦羅油と向き合っている男。私たちは一気に織田作《おださく》の世界に引き込まれるのです。

織田作は数字もよく使います。次は『俗臭』という短編小説から、一部を引用しましょう。「冷やしあめ」というのは、麦芽水飴を湯で溶き、生姜のしぼり汁などを加えて冷やした関西の飲み物のことです。

> 一月分の給料十円を資本に冷やしあめの露店商人となった。下寺町の坂の真中《まんなか》に荷車を出し、エー冷やこうて甘いのが一杯五厘と、不気味な声で呶鳴《どな》った。最初の一日は寄ってきた客が百十三人、中で二杯、三杯のんだ客もあって、正味一円二十銭の売上げで日が暮れ、一升ばかり品物が残って夏のこととて腐敗した。氷三貫目の損であった。翌日から夜店にも出て三十銭の儲けがあるようになった。

紀州から大阪に出てきて、月給取りをしていた主人公が一念発起して商売を始める場面です。主人公の所持金がいくらあるかというのが小説の重要なエレメントでもあるのですが、織田作の筆は執拗にそれを書き続けます。

私たちは読みながら、主人公の懐に今、どれだけのカネがあるのか、つぶさに知ることになります。自営業者の誇りも苦しみも、カネの多寡とともに伝わってきます。

ＳＭ小説で知られる団鬼六《おにろく》にインタビューをしたことがあります。彼は織田作の愛読者でした。その理由をたずねると、「主人公の財布に今、いくらカネが入っているか、わかるように書いてます。うどん一杯がいくらで、ビール一杯がなんぼするんか、すぐにわかります。そんなん、織田作しか、おれへんでしょう」と答えてくれました。彼の官能小説の根太さのようなものの理由を知ったような気がしました。

オダサクの小説作法とは

『夫婦善哉』（一九四〇年）も、芥川賞候補になって賞を逃した『俗臭』（一九三九年）も、織田作の中では初期の作品です。戦後になってから書いた『世相』（一九四六年）という小説で、織田作自身を思わせる「私」にこんなふうに語らせています。作家が自身の思いを吐露した文章でしょうか。

僕はほら地名や職業の名や数字を夥《おびただ》しく作品の中にばらまくでしょう。これはね、曖昧《あいまい》な思想や信ずるに足りない体系に代るものとして、これだけは信ずるに足る具体性だと思ってやってるんですよ。

「私」は戦前、戦中、戦後と生きてきて、イデオロギーは信用できないと思っています。政治思想を声高に語る人は絶対に信用できない。観念も、形而上学も、「平和と民主主義」の歌も、「文化国家建設」も、あてにならない。それでは何が信用できるのか。残されているのは地名、数字、具体的なモノでしかないのではないか。

織田作にとって、地名や数字や具体例を明示するのは、きわめて謙虚な文章作法なのだと思います。「いろいろあるんやろうけれど、おれが信用できるんは、さしあたって、これだけやねん。わかってくれや。難しいことという気はないねん。ここまではお互いの共通の基盤として共有してほしいねん。それでコミュニケーションしようや」。そんな思いが背景にある文章作法です。思いやりがにじみ出る書き方です。

数字や具体例は、書き手と読者がお互いに歩み寄れる中間地点と呼べば、いいでしょうか。そこを定点にして、相互に理解し合おうよといった思想があるからこそ、数字や具体名が生きてくるのではないでしょうか。

ところで、ふと、思うことがあります（「ふと」は織田作の口癖です）。織田作之助はなぜ、オダサクと呼ばれるのでしょうか。誰も夏目漱石を「ナツソウ」とか、川端康成を「カワヤス」とか、呼びません。同じ無頼派の作家でも、太宰治を「ダザオサ」とか、坂口安吾を「サカアン」と呼ぶ習慣はありません。オダサクだけが、そんなふうに呼ばれます。

語呂がいいから。大阪人らしい呼び方だから。いろいろな理由があるでしょう。でも、オダサクという愛称には、何ともいいようのない親愛の情が重ねられているように思います。それはきっと地名や数字や具体物が頻出する作風と通じているのだろうと思えてならないのです。

第四部

文章を書いたあとにやるべきこと

寝かせると文章が育つ（重里徹也）

死んだと書かれると長生きする?!

新聞記者にとって最も許されないミスの一つは、生きている人を故人として書いてしまうことです。人間というのは思い込みの多い動物ですので、ときにそういうミスを犯してしまいます。書いてから、えー、まだ、生きていたのか、と思っても、あとの祭り。一度印刷された活字は、もとには戻りません。おわびをするしか仕方がありません。

ところが、新聞社には不思議なことをいう人がいるもので、存命なのに死んでしまったと書かれるのは縁起がいいことだという説があるのです。新聞で死んだと書かれた人は長生きするというのです。実際に、上司がそんなことを書いた「おわび」の手紙を読んだことがあります。

何か、自己弁護しているみたいで、おかしな感じがしないわけでもありません。でも、どこかで思い当たるような気もします。心のなかで、そうかも、と思ってしまう自分がいます。あれは何なんでしょう。自分の死亡記事が、人生のお守りになるというのは。

その手紙をもらった人のなかには、ただ単に謝られるよりも、ちょっとした好感を持つ人がいるかもしれません。私もその一人です。

私は「不幸にして」死んだと書かれたことがありません。でも、故人扱いをされたときに、ひたすらに一本調子で謝られるよりも、「新聞社には妙な言い伝えがあって、故人として新聞に登場すると長寿を生きるといわれています」といわれたほうが、そんなものかなと思って、かえって心が休まるような気がしないでもないのです。

確かに一方では「いい気なものだな。自分が間違っておいて、こんなことをいっている」とは思うでしょう。でも、他方では、「そんな吉兆があったのか。自分が死んでいると書かれたこの記事を切り取って、いつも財布に入れておこうか」と思ってしまうのではないでしょうか。私がお人好しなせいで、そんなことを思うというばかりではないように考えます。

そして、少し考えてみると、「死んだと書かれると長生きする」には人生の貴重な知恵があるような気がします。禍福はあざなえる縄のごとし。ひどいことがあるといいことがある。不幸なことがあると次には幸せがやってくる。

人生一本調子はダメ。単調ではわなに陥る。単純では何もできない。複雑さをわきまえて生きることから、実りが生まれる。複眼的でないと人生の真実は見えない。

そんな知恵を教えられるような気がするのです。

多角的にとらえると物事はよく見える

不幸ごとに見舞われたときに、人からかけてもらう言葉にも、こういう種類のものがあります。「厄落としをしたじゃないですか」「この程度で済んでよかった」「これでもう、悪いことは起きないよ」。

私は五十代の初めにひどい交通事故に遭いました。道を歩いていたら、自動車が飛んできて、はねられたという事故でした。全面的に相手に落ち度があったケースで、自分の運のなさを嘆いたものです。

全身、あちこちを骨折したり、内臓を損傷したりしました。数日間を集中治療室で過ごし、人生で初めての入院生活は三カ月弱に及びました。つらいリハビリも経験しました。

ところがです。多くの友人知人がお見舞いに来てくれたのですが、彼らは口をそろえて、

「いい厄落としになった」「肩や足なんか、いくらでも治るよ」「久しぶりにゆっくりできるね」「本が読めるじゃない」「うまい肉を食べろよ」「ウナギがいいよ」と前向きで肯定的なことばかり話してくれました。

当初は「おれはこんなに苦しんでいるのに何をいっているのか」と違和感があったのに、彼らの言葉を聞いているうちに、自分でも、「大したけがじゃない」「人生の厄をこれで落とした」「自分は運がいいのかもしれない」「これまでの人生を振り返って、これからを考えろということだろう」と思い直すことができました。

特に心に響いたのは弟の言葉でした。「おふくろが守ってくれたんちゃうか」。母は急性心筋梗塞のために五十九歳の若さで突然に死んでしまいました。もう数十年前のことです。このことは私たち共通の手痛い喪失体験でした。それを思い出させながら、交通事故に遭ったことを前向きにとらえる発想だなあと今となってはよくわかります。

この経験から学んだことも、物事は多角的にとらえたほうが、よく見えてくるということです。前向きに生きられるということです。そのためには落ち着いて考える時間が大切です。また、他人と会話することは自分一人で考えるよりも、豊かな示唆をもたらすことが少なくありません。自意識は泥沼です。

エッセイでもそうでしょう。

夜中に勢いに任せて書いた文章は情熱的であっても、どこか上滑りをしているというか、一本調子というか、後で読んでみると恥ずかしかったりするものです。

たとえば、「交通事故」というテーマで、事故から二週間後の夜にエッセイを書いたとします。加害者への怒り、クルマ社会の否定、人間という動物のどうしようもない劣等性。私は感情的になって、そんな呪いのような情念をぶつけるエッセイを書いてしまうように思います。

さらに負のスパイラルに陥り、自分の人生は運に恵まれていないこと、世の中がおもしろくないこと、失敗続きの人生、みんな陰でオレのことを笑っているなどと調子に乗って書き連ねてしまいそうです。でもそんなものは醜い人間の恥部をさらすだけのもので、人が読んでも鼻をつまむだけでしょう。みっともないこと、このうえありません。

ところが、事故から数週間後の昼間だと随分と違います。私は「厄落とし」という言葉を必ず、エッセイのなかに入れるはずです。病院のベッドで感じるゆっくりとした時間の流れに触れるかもしれません。ひょっとしたら弟との会話も使うかもしれません。いいことも悪いことも、でこぼこさまざまにあるのが人生、という気分で書くことは間違いありません。

おそらく後者のほうが、私の苦しみを読む人に伝えてくれるように思うのです。

俗に「夜書いたラブレターは朝になってから読み返せ」といわれるのも、同じことでしょう。

他者に伝わる文章を書くためには、自己を相対化することが必須で、そのためには、寝かせることが最も有効なのです。

一晩寝かせると内容が深まる

ここまで書いてきてしきりに考えたのは、エッセイを書くのは小説を読むのと共通したところがあるなあということでした。

私はスーッとシャープに小説を読むということがなかなかできません。目が悪いこともあって、読むのもとても遅いです。そして、丁寧に読んでいるつもりでも、一回目はよくわからないことが多いのです。うまく理解できずに、いっぱい疑問がわいてきます。言葉の周辺を歩き回ったりします。そして、モヤモヤとしたまま本を閉じることがあります。

ところが、夕食後にボンヤリすわっているソファの上とか、夜寝る前の布団のなかとかで、ああ、あの小説のこの言葉はこういう意味だったのではないかと考えついたりするのです。風が吹き抜けるように（自分なりに）わかることがあるのです。

もちろん友人と読後感を語り合ったり、読書会でディスカッションしたりすると、自分が何に悩んでいたのか、どこがうまくのみこめなかったのか、じわじわとわかってくることがあります。

小説というのは単に論理的に読む（頭で読む）だけではわかりません。むしろ理性も感性も総動員して読む（全身全霊を使って読む）ことが必要だと思うのです。頭だけでなく、胸や腹も使って読むことで楽しめるのではないでしょうか。

ぼんやりともの思いにふけりながら文章を見つめる。その文章と心を通わせ合いながらしばらく時間を過ごす。時が流れていくのを感じながら、その本をなでたりさすったりする。それでこそ、優れた小説を味わえるのではないでしょうか。

私たちにとって、そういう時間が大切なのは、小説を読むときに限りません。自分自身の書いた文章に対してだって、同じことがいえるのではないでしょうか。

書いた後でぼんやり考えたり、風呂につかりながら思い起こしたり、翌朝に起きてからもう一度読み直したり。そうすることで、自分の書いた文章に手を入れて、少しは深くしたり、広くしたり、伝わりやすくしたりできるのではないでしょうか。人の心にしみこむ文章にするきっかけを得られるのではないでしょうか。

もちろん、人に読んでもらうのも、とてもいいことです。批判やアドバイスに耳を傾けましょう。それを含みこむことで、文章が鮮やかに更新されることがよくあります。

俗に「寝る子は育つ」とよくいいます。これは人生の機微を物語ることわざのように思うのです。起きているばかりではダメで、睡眠をたっぷりとることが、成長につながる。思い当たる人は少なくないでしょう。人は眠っている間にリフレッシュします。脳も筋肉も、エネルギーを充塡《じゅうてん》します。子供は寝ている間に大きくなるのです。

このことわざは、休息することの大切さを教える言葉とも思えるし、拡大解釈すれば、がむしゃらに頑張るのではなく、どこか心に余裕を持つようにという教えに読めないこともありません。階段に踊り場があるように、人生にも踊り場をつくったほうがいいといわれているような気がするのです。

そして、「寝る」を「引きこもる」とか、「学校に行かない」とか、「一日中、音楽を聴く」とか、「計画を決めないで旅に出る」とか、「留年する」とか、「受験に失敗する」とか、

「やけっぱちで深酒をする」といった言葉にも、読み換えたい思いにかられます。

文章を書くということにおいても、事情は似ています。ひたすらに書き続けるのではなく、たとえば一晩寝かせるだけでも、自分と文章との間に距離ができ、客観的に文章を眺めることができるようになるのではないでしょうか。

「寝る文章は育つ」もまた、真実のように思います。

「誠実」と「言いすぎ」のはざまで（助川幸逸郎）

ある文芸批評家からのハガキ

私は職業柄、いろいろな方に「新しく刊行した著書」を贈っていただきます。

「すこしでも早く目をとおし、感想をお伝えしなくては」

そう、いつも思うのですが、なかなかのぞむようにはなりません。目先のしごとに追われ、読みきれないまま数カ月。礼状を差しあげるタイミングを失し、翌年の年賀状で平謝り、というパターンにおちいりがちです。

運よく最終ページにたどり着き、印象を手紙につづる場合、私は一つのルールをじぶんに課していました。

「可能なかぎり長く、くわしく書く」

それが著者への礼儀だと、長年信じていたのです。

こうした「ポリシー」がいかにあやまっているか――それを思い知らされる出来事を、

最近体験しました。

昨年十月、カズオ・イシグロがノーベル文学賞を獲得。これをきっかけに「イシグロ・ブーム」が起こり、関連本が続々刊行されました。そのうちの一冊に、私もエッセイを寄稿しました。

この「じぶんが末席につらなったイシグロ解説本」を、何人かの方に献呈したのです。しばらくして、本を差しあげたお一人——高名な文芸批評家——から、こんなハガキを頂戴しました。

「『カズオ・イシグロ読本』、ご恵投ありがとうございました。助川先生の御文章を最初に拝読しました。母語でない英語をイシグロがつかっていることが、人間の根源的疎外感を捕まえるうえでプラスに働いているとの指摘、言語について真摯に考えている方ならではの至言だと感じいりました。助川先生の、ますますのご発展をお祈りします」

みじかい文章です。それでいて、「著者として伝えたかったこと」の核心を射ぬいている。私のエッセイをていねいに読み、誠実に感想をつづってくださったことが心にしみました。

いちばん大切だと思うポイントを直截《ちょくせつ》に語る。そうすれば、長々印象をたれ流すより、

「きちんと読んだこと」が著者に伝わる——文芸批評家のハガキは、かけがえのない教えを届けてくれたのでした。

ゴッホが模写した広重の浮世絵

私はある大学で、「欧米文化における日本表象」をテーマに授業をしています。

一回目には、安藤広重の『名所江戸百景　亀戸梅屋鋪《かめいどうめやしき》』のスライドを観てもらうのが恒例。そのあと、「この作品をゴッホは模写しているが、どこに惹かれてそうしたのか？」について、受講生に意見を書いてもらいます。

今年の回答に、次のような例がありました。

> 広重の『亀戸梅屋鋪』は、構図において西洋絵画の常識を逸脱している。
> 「人間を手前に、自然の景物を背景に」という西洋絵画の一般原則の逆を行き、この絵では、梅の樹が前景を占めている。この前景の梅は、画面の底辺の中央で二股に分かれ、底辺の向か

著者（助川）による広重『亀戸梅屋鋪』の模写。

って左から四分の一、向かって左辺の下から四分の一のところでさらにもう一度、ほぼ九十度の角度で分岐する。二度目に分岐した枝の向かって右に伸びる枝は、向かって右辺をちょうど半分に分かつ点を目掛けて伸びている。画面の幾何学的な要所要所を、この枝は押さえ、それによって画面のなかで存在感を主張している。いっぽう後景の人の群れは、左辺と右辺の両側から、梅の枝に支えられるように横に広がる。

非常識だが出鱈目ではない。独自の「構成の論理」はある。広重の絵のそういうところに、ゴッホは惹かれたのではないか。

いっていることは、まちがいではありません。私が出した問いに、まっとうな論拠をあげて答えている。ただし、『亀戸梅屋鋪』を観たことのないひとがこれを読んでも、具体的なイメージを抱けないでしょう。

私は翌週、この回答をワープロで打って全員に配り、コメントしました。

「S評価をあげられる答案です。広重の絵を知っていれば、何を言ってるか明確にわかるし、納得もできる。美術展の図録に載ってる解説としては、余裕で合格点以上です。でも、この作品を知らない相手におなじ内容をつたえる場合は、ちがった書き方もある気がします。

《書き手と読み手が、前提となる知識を共有している。だから〈つたえる工夫〉はあまりいらない。そのかわり説明はていねいにやり、論理の飛躍を犯さないようにする》

授業のレポートや学術論文には、そういう姿勢で取りくむべきです。

《書き手と読み手のあいだに、どこまで共通基盤があるかはわからない。このため、読者にわかってもらえるように手を尽くす必要がある。そのぶん、多少の飛躍はゆるされるし、こまかすぎる説明は印象が煩雑になるのでやめたほうがいい》

エッセイやビジネス文書を書いて、相手の心に届けようと思ったら、そのあたりを意識する必要があります。

この回答を作成したひとが、これとおなじ内容をエッセイとしてつづったらどうなるか。ちょっと見てみたい気もしますね」

その次の授業が終わったあと、先週、話題にした学生が照れくさそうに笑いながら近づいてきました。

「センセイ、〈エッセイ〉を書いてみたんですけど」

ワープロで文字が打たれた白い紙を、私はその場でひろげました。


安藤広重の『名所江戸百景　亀戸梅屋鋪』を、かのヴァン・ゴッホは模写している。

広重の浮世絵のどこが、ゴッホをそこまで惹きつけたのか。『亀戸梅屋鋪』は、西洋絵画とも共通する原理にのっとり、緻密な画面構成がなされている。ただ、西洋絵画の「人物は前景、自然の景物は後景」という常識に反し、画面のいちばん手前に、梅の樹が大写しになっている。

西洋絵画に描かれた風景を、裏側からのぞいた——そんな印象の構図になっているのである。

広重の作品が、たんなるカオスだったら、ゴッホは模写などしなかったにちがいない。

ゴッホにも理解できるロジックがあるのに、人とモノの配置が一八〇度逆。ゴッホはそこにつよい印象をうけた。それで広重の頭のなかを理解したいと、願うようになったのではないか。

「これはたんなるエッセイを超えてるよ。評論といってしまっていい」

感動して私がつぶやくと、学生は怪訝な顔をしました。

「エッセイと評論はどこがちがうんですか?」

すこしかんがえてから、私は言いました。

「〈正しさ〉よりも〈相手の心にとどくこと〉をポイントにして書くのは、エッセイも評論もおなじ。ただしエッセイは、〈そのひとなりのおもしろい見方〉が提示されていればいい。評論には、〈対象の本質にせまろうとする厳粛さ〉が要求される。エッセイのほうが評論よりすこしお気楽かな」

学生は、真剣なまなざしをこちらに向けながらこう応じました。

「それならわたしは、評論しか書きたくありません。読むひとの心にとどくことと、対象の本質にせまること。どっちもおろそかにしたくないので」

「正しさ」に無用にこだわらない

評論しか書きたくない――この「決意表明」は、微笑ましいですが、行きすぎです。世の中には、絶対に正しくなければいけない文章もある。「裁判の判決文」や「がんの新しい手術法を記した論文」などはその類いです。

「学術論文を書くときは、つけるかどうか迷った注は必ずつけろ。どれだけくどくなっても論証は精密にやれ。そのかわり〈言いたいこと〉を序論と結論にまとめて書いて、〈何に関する論文か〉が明確にわかるようにしろ」

欧米の高等教育機関では、そういう指導がおこなわれているそうです。

とはいえ、「正しさ」を「相手の心にとどくこと」より優先すべき場面は意外に多くありません。

就活のエントリーシート、お礼やおわびの手紙、冠婚葬祭の折の挨拶原稿――いずれも、相手の心にとどかなければ、正しくても意味のない文章です。一般の社会人にとって、筆を執る機会といえば、こういうものを書くケースが大半でしょう。

たとえば、「箱根駅伝に出場した」というのは、誰にもほこれる経歴です。かといって、出版社に応募するための自己PR文に、そのままそれを書いて評価されるとはかぎらない。

「足が速いことは、おもしろい本をつくる能力と無関係」

担当者にそう判断されてしまうこともあり得ます。効果的な自己PRをするには、「ここでは何がもとめられているか」を熟考する必要があるのです。「相手の心」に思いをいたす姿勢は、こういう場面でも大切であることがわかります。

私も、「正しさ」ばかりを追求して失敗をかさねてきたタイプです。「お礼状はくわしければいい」とおもいこんでいたのも、「相手の心にとどくこと」を見うしなっていたせいでしょう。「学者」をやっている職業病なのかもしれません。

いま、追求すべきなのは、「正しさ」なのか、「相手の心にとどくこと」なのか。文章を書くときにかぎらず、このごろ私は、つねにそれを意識するようにしています。

おわりに

助川幸逸郎

先日、静岡県内のある高校で、出張授業をやらせていただく機会がありました（このごろの大学は、ＰＲもかねて、高校に講義のデリバリーをするのです）。

このとき与えられたテーマは、「文章力を高める」。

最初に私は、高校生に質問しました。

「文章を書くのは、最終的には何のため？」

前から二番目の列の女子生徒の手がすぐにあがりました。

「じぶんのかんがえをつたえるためです」

「とてもいい答え。でも、半分しか正解じゃない。じゃあ、残り半分は？」

生徒はしばらく、真剣に頭をはたらかせていましたが、結局音をあげました。

「どうして半分なのか、わかりません」

私はいいました。

「ラブレターを書いたとするよね」

生徒は目を見ひらいてこちらを見ています。

「どれほど相手が好きかわかってもらうだけじゃ、不十分だよ。『あなたは私が好きかもしれないけど、私はあなたがきらいです』っていわれたら哀しい。反対に、こっちが好きなことがつたわらなくても、相手がじぶんとつきあう気になってくれれば満足だよね」

生徒は大きくうなずきました。

文章は、じぶんがのぞむ反応を相手から引きだすために書く。

そのことが骨身にしみてわかるかどうか。生きた文章を生みだす原点はそこにあります。

新しい企画を提案する。転職をするため自己ＰＲ文を書く。辞職をほのめかした部下に、メイルを出して思いとどまらせる。東京の大学に通う子どもに、地元にかえって就職するようラインで説得する……。

「大のおとな」が力をいれて文章を書かなければいけない場面を、思いつくまま列挙してみました。「手段をえらばず相手を動かしたい状況」ばかりです。

そういうときに、「いま、じぶんがつかえるもの」をすべてもちだしてターゲットにはたらきかける。この本では、そのための方法を提案してみました。

武術の達人になってあざやかに敵を倒す。そういうかっこよさに私もあこがれます。けれどもそうなる方法を説く「文章マエストロ」には、私自身、一生なれそうにありません。台所のフライパンや物干し台の洗濯バサミも武器につかって、どうにかして相手を撃退する。そんな「見てくれのかっこよさを捨てて実をとる戦いかた」なら、私のような人間にも実践できます。その種の「天与のセンスにとぼしい人間の文章術」を披露することが、案外、人さまの役に立つかもしれない。それがこの本を書きはじめた、私なりの動機です。

さいわい、かねてからの知友である重里徹也さんが、こうした主旨に賛同してくださいました。私は基本、書物の世界と学校の教室を往復している人間。重里さんは、新聞記者としてさまざまな経験をしてこられました。重里さんをパートナーに得られなかったら、この本はもっとたいくつなものになったにちがいありません。

ここに収められた文章の多くは、ひつじ書房のウェブマガジン「未草」に掲載したものをもとにしています。ウェブ連載時にお世話になったひつじ書房の森脇尊志さん、単行本にする際に編集を担当してくださった新泉社の内田朋恵さん。他にも、本書をなすにあたって、多くの方がたのお力ぞえがありました。心からの感謝をしるして、筆をおくことにいたします。どうもありがとうございました！

付録

文章添削例

実際に大学の授業で学生に書いてもらった文章を、私（助川）がどう添削したかの例を四つ掲載します。自分で文章を推敲する際の参考にしてください。

1

元の文章

私の落とし物

昔からよく私物を紛失する。気をつけなさいと注意されるが、必ず戻ってくるため危機感がいまいち沸かない。財布や携帯、自転車すべて紛失した当時の状態で戻ってくる。しかし、ある雪の朝の落とし物は違った。

添削例

雪の朝の落とし物

昔からよく私物を紛失する。気をつけなさいと注意されるが、必ず戻ってくるため危機感がいまいち湧かない。財布や携帯、自転車、すべて紛失した当時の状態で戻ってくる。しかし、ある雪の朝の落とし物は違った。

朝、カーテンを開けて雪の眩しさに感嘆の声が漏れた。静岡県出身の私にとって、日常生活の中で積雪を見るのは始めてだ。急いでバイト着に着替え、バスの出発時刻まで雪に足跡をつけ続けた。人が見ていないことを確認しつつ、スキップもしてみた。清々しい気分でバイトに向かう。バイトが終わり、充実した一日になったと帰り支度をしていると、携帯がない。普通慌てるような場面だが、紛失しても必ず戻る謎の自信のある私は焦らない。また無事に見つかるだろう。携帯はすぐに見つけたが、勿論無事ではなかった。雪による水没に、車に轢かれたのか、画面がバリバリに割れていた。修

朝、カーテンを開けて雪の眩しさに思わず感嘆の声を漏らした。静岡県出身の私にとって、日常生活の中で積雪を見るのは初めてだ。急いでバイト着に着替え、バスの出発時刻まで雪に足跡をつけ続けた。人が見ていないことを確認しつつ、スキップもしてみた。清々しい気分でバイトに向かう。バイトが終わり、充実した一日になったと帰り支度をしていると、携帯がない。普通なら慌てるような場面だが、紛失しても必ず戻る謎の自信のある私は焦らない。また無事に見つかるだろう。

たしかに携帯はすぐ見つかった。見つけたのは、スキップをしていた場所だ。

理を依頼しなくてはならない。今まで幸運であったこと、自分の考えの甘さを思い知る出来事だった。

携帯を紛失した原因は、場所からしてスキップをしたからだ。修理の際や両親に理由を聞かれたくない。大学生にもなって、雪にはしゃぎまわったことが恥ずかしい。今だに壊した原因は皿洗いをして落としたことにしている。こんな落とし方はもうしたくない。

しかし、今回の落とし物は無事ではなかった。雪による水濡れ。それから、車に轢かれたのか、画面がバリバリに割れていた。修理を依頼しなくてはならない。修理業者や両親に理由を聞かれたくないので、未だに壊した原因は皿洗いをして落としたことにしている。大学生にもなって、雪にはしゃぎまわったことが恥ずかしい。こんな落とし方はもうしたくない。

2 元の文章

小学生スキー場パニック事件

ある冬休みのことだった。当時小学生だった私は、家族ぐるみで仲の良い友人家族と某県のスキー場に、スキーをしに来ていた。

小学生だった私は、今とは違い体力があり、友人と友人の父親、自分の父親、そして私の計四名で、上級コースを何度も何度も滑った。私も友人も、保育園の頃からスキーをしていたため、上級コースを滑ることに、全く問題はなかった。

しかし、事件は起こった。

添削例

スキーウェアに、母がお菓子を入れてくれる理由

ある冬休みのことだった。当時小学生だった私は、家族ぐるみで仲の良い友人家族と某県のスキー場に、スキーをしに来ていた。

小学生だった私は、今とは違い元気があり、友人と友人の父親、自分の父親、そして私の計四名で、上級コースを何度も滑った。私も友人も、保育園の頃からスキーをしていたため、上級コースを滑ることに、全く問題はなかった。しかし、

スイスイ滑る私たちに安堵したのか、父親たちは先に行った。しかし、私たちはコースを間違えてしまい、何とかして同じコースに戻ろうと頑張った。小学生は、体力があっても力がなく、なかなか戻れなかった。歩いた方が早いと判断し、私は板を外した。一歩踏み出した瞬間、スボ。私は雪にはまった。雪は思っていた以上に積もっていたのだ。友人は私を心配しつつも笑っていた。雪にはまって驚いた拍子に、スキー板は独りでに滑ってしまった。小学生には、知識もなかった。

その後、友人が何とか板を取ってきてくれたが、今度は板がはまらない。周囲

事件は起こった。

スイスイ滑る私たちに安堵したのか、父親たちは先に行った。しかし、私たちはコースを間違えてしまった。小学生は、元気はあっても筋力がなく、なかなか戻れなかった。歩いた方が早いと判断し、私は板を外した。一歩踏み出した瞬間、ズボッ。私は雪にはまった。雪は思っていた以上に積もっていたのだ。友人は私を心配しつつも笑っていた。雪にはまって驚いた拍子に、スキー板はひとりでに滑って行ってしまった。

友人が何とか板を取ってきてくれたが、今度は板がはまらない。周囲はコースのためなにもなく、足元は深い雪で力がか

はコースのためなにもなく、足元は深い雪で力がかからない。そのため、友人と協力してツルツルと滑りながら気合いではめた。私たちの長い戦いがようやく終るのだ。

当時の出来事は、二家族とも未だに覚えている。母は昔から私のウェアに、遭難した時用と言いつつお菓子を入れてくれる。携帯電話を持ち、成人した今でも遭難用のお菓子をくれるのは、この事件故かもしれない。

からない。友人と協力してツルツルと滑りながら気合いではめた。私たちの長い戦いは、そうこうした挙句にようやく終わった。

当時の出来事は、二家族とも未だに覚えている。母は昔から私のスキーウェアに、「遭難した時用」と言いつつお菓子を入れてくれる。携帯電話を持ち、成人した今でも遭難用のお菓子をくれるのは、この事件故かもしれない。

3

元の文章

ホットケーキ

「朝食は、パン派？　ご飯派？」という質問をよく耳にする。

私はパンの味にすぐ飽きるため、どちらかというとご飯派である。しかし、ご飯派といっても、ホットケーキよりのご飯派だ。

どういう意味か。それは、週二回は朝食の代わりにホットケーキを食べる、本当は毎日食べたい程であるがそれでは健康上よくないので週二日だけと決めているのだ。

添削例

白い衝撃

「朝食は、パン派？　ご飯派？」という質問をよく耳にする。

私はパンの味にすぐ飽きるため、どちらかというとご飯派である。しかし、ご飯派といっても、ホットケーキよりのご飯派だ。

どういう意味か。私は、週に二回は朝食の代わりにホットケーキを食べたい人間だ。本当は毎日ホットケーキがいいのだが、健康上よくないので週二日で我慢してきた。

待ちに待った、ホットケーキが朝食である日、私は起きてすぐに冷蔵庫をあけ、卵や牛乳などの材料を取り出し、ウキウキした気持でホットケーキを作り始めた。その日はいつもにも増して糖分を欲していた為、たっぷりのお砂糖を入れた。部屋中に甘い良い匂いが広がり遂に完成。皿にバウンドするような弾力を魅せるそれに、朝日に輝くハチミツをたっぷりとかけ、勢いよく手を合わせていただきますをした。口元にもっていくと、とっても幸せな気分になる。しかし、いざ口の中へ運ぶと一瞬にしてそれらの幸せが消え去った。砂糖と塩を入れ間違えていたのだ。よく見ると、入れ物の位置が入れ

ある朝のことである。その日は、待ちに待った、ホットケーキを朝食に食べる日、私は起きてすぐに冷蔵庫をあけ、卵や牛乳などの材料を取り出し、ウキウキした気持でホットケーキを作り始めた。いつもにも増して糖分を欲していた為、たっぷりのお砂糖を入れた。部屋中に甘い良い匂いが広がり遂に完成。皿にバウンドするような弾力で魅せるそれに、朝日に輝くハチミツをたっぷりとかけ、手を合わせて勢いよくいただきますをした。口元にもっていくと、とっても幸せな気分になる。しかし、いざ口の中へ運ぶと、一瞬にしてその幸せは消え去った。砂糖と塩を入れ間違えていたのだ。容器

代わっていた。

私はその日からその味の衝撃が忘れられない。そして一つ確信したことがある。

「私のうっかりは料理にまで影響を及ぼしている」

私はその日から毎朝の朝食にはご飯を食べるようになったのだった。

の位置が入れ代わっていたせいだ。

その味の衝撃は忘れられない。

私はその日から毎朝、朝食にはご飯を食べるようになったのだった。

4 元の文章

私とカロエ

学生時代におもしろいアダ名で呼ばれていたことがあるだろうか。アフロヘアの人は「アフロ」、ひょうきん者の子はキャラクターの性格から「はまじ」などという呼ばれかたがあるだろう。私のアダ名は、外見に関することでも性格に関することでもない「カロエ」だった。

ある世界史の授業の時間、先生が黒板に書いた文字をノートに写していた。しかし私は、その日運悪くメガネを家に忘れて来てしまった。目を凝らしながら黒

添削例

カロエ

学生時代におもしろいアダ名で呼ばれていたことはないだろうか。アフロヘアの人は「アフロ」、ひょうきん者の子はキャラクターから「はまじ」などという呼ばれかたがあるだろう。私のアダ名は、外見に関することでも性格に関することでもない「カロエ」だった。

ある世界史の授業の時間、先生が黒板に書いた文字をノートに写していた。しかし私は、その日運悪くメガネを家に忘れて来てしまった。目を凝らしながら黒

板の字を見ると、カタカナのカとロとエが見えた。カロエ？　そんな偉人、出てきただろうか。

　そこで私は隣の友達に、「カロエって何のこと？」と訊いた。友達は目を丸くし、不思議そうな顔で私を見つめた。どうして答えてくれないのかと思い、もう一度、「あそこに書いてあるカロエって何？」と訊いた。

　すると、先生に無駄話をしていると思われて私はあてられてしまった。「お前、何を話しているんだ。何かあるのなら、今ここで私に言いなさい」。私は答えた。「カロエってなんですか」。一瞬の静寂の後、クラス中が笑い声につつまれた。ク

板の字を見ると、カタカナの「カ」と「ロ」と「エ」が見えた。カロエ？　そんな偉人、教科書に出てきただろうか。

　そこで私は隣の友達に、「カロエって何のこと？」と訊いた。友達は目を丸くし、不思議そうな顔で私を見つめた。どうして答えてくれないのかと思い、もう一度、「あそこに書いてあるカロエって何？」と訊いた。

　すると、先生に無駄話をしていると思われて私はあてられてしまった。

「お前、何を話しているんだ。何かあるのなら、今ここで私に言いなさい」

　私は答えた。

「カロエってなんですか」

ラスの一人が言った。「お前、それはカロエじゃなくて加工だよ」。

それ以来、私のアダ名はカロエになった。今思えばそれのおかげでみんなと仲良くなれた。だからこのアダ名は気に入っている。しかし、その日からもうメガネは忘れないと心に決めた。


一瞬の静寂の後、クラス中が笑い声につつまれた。クラスの一人が言った。

「お前、それは『カロエ』じゃなくて『加工』だよ」

それ以来、私のアダ名はカロエになった。今思えば、それのおかげでみんなと仲良くなれた。だから、このアダ名は気に入っている。しかし、その日からもうメガネは忘れないと心に決めた。

参考文献

石塚正英・黒木朋興編『日本語表現力：アカデミック・ライティングのための基礎トレーニング』（朝倉書店、二〇一六年）
織田作之助『夫婦善哉 正続 他十二篇』（岩波文庫、二〇一三年）
織田作之助『六白金星・可能性の文学 他十一篇』（岩波文庫、二〇〇九年）
小野正弘編『日本語オノマトペ辞典』（小学館、二〇〇七年）
開高健『ベトナム戦記』（朝日文庫、一九九〇年）
小谷野敦『文章読本X』（中央公論新社、二〇一六年）
司馬遼太郎『街道をゆく（1）』（朝日文庫、一九七八年）
宮沢賢治『新編 風の又三郎』（新潮文庫、一九八九年）
芳川泰久、西脇雅彦『村上春樹 読める比喩事典』（ミネルヴァ書房、二〇一三年）
吉田凞生編『中原中也詩集』（新潮文庫、二〇〇〇年）

重里徹也（しげさと・てつや）
文芸評論家
1957年、大阪市生まれ。大阪外国語大学（現・大阪大外国語学部）ロシア語学科卒。毎日新聞で東京本社学芸部長、論説委員などを務める。2015年から、聖徳大学教授。
著書に『文学館への旅』（毎日新聞社）、共著に『村上春樹で世界を読む』（祥伝社）、『司馬遼太郎を歩く』（全三巻、毎日新聞社）、聞き書きに吉本隆明『日本近代文学の名作』『詩の力』（新潮文庫）。

助川幸逸郎（すけがわ・こういちろう）
日本文学研究者・著述家
1967年、東京生まれ。岐阜女子大学教授。
主な著書に『光源氏になってはいけない』『謎の村上春樹』（共にプレジデント社）、『小泉今日子はなぜいつも旬なのか』（朝日新書）、共編著に『『君の名は。』の交響』『〈国語教育〉とテクスト論』（共にひつじ書房）、『新時代への源氏学』（竹林舎）がある。

つたえるエッセイ
心にとどく文章の書き方

2018年10月23日　第1版第1刷発行

著者　重里徹也　助川幸逸郎

発行者　株式会社　新泉社
東京都文京区本郷2-5-12
電話　03-3815-1662
FAX　03-3815-1422

印刷・製本　創栄図書印刷株式会社

ISBN 978-4-7877-1813-6　C0095